1/4で生きる

重度脳性麻痺障害者〈自立〉のための闘い

藤沢由知

明石書店

まえがき

今回、この列伝（自伝）を書くに至ったのは、六十代半ばを迎え、この世に生まれてからだいぶ遠くまで来たなという実感と、その遠い記憶が消え去る前にこの世に残しておきたかったからです。

障害者として生きてきたこの人生。悲しかったこと、辛かったこと、悔しかったこと……。そんなことばかりがこみ上げてくるのですが、それと同じくらい誰かに支えられてここまでくることができたのだと、あらためて思い出すことができました。

これまで多くの障害者の方々が自伝を書いていますが、それを読むたびに、私とは違って立派だなといつも自分と比べては尊敬の念と、ほんの少しの嫉妬心を抱いてきました。この列伝はそんな立派なものではありません。こいつはバカだなぁ～なんて思いつつ楽しんで読んでもらえたら嬉しいです。こんな生き方があって、こんな障害者も世の中にいるってことを伝えられたら本望です。

記憶の限り、その時々に感じた想いを中心に、その時代にあった設備や道具についても、あくせくしながら綴ってみました。

藤沢 由知

1／4で生きる——重度脳性麻痺障害者〈自立〉のための闘い ◎ 目次

第1章

誕生、そして脳性小児麻痺者として生きる

左から、本人、母、弟、妹

一九五七年、体重五〇〇グラムの未熟児として生まれる

私が生をうけたのは、一九五七年五月であった。体重五〇〇グラムの未熟児として生まれ、酸素供給も十分にいたらずに、仮死状態であったという。保育器が整備されたのは、その二～三年後だった。生後一〇か月になってからも首がすわらず、よちよち歩きもしないために、両親は心配したという。

ある日私は、四〇度を超える高熱を出した。

母が驚いて町医者に連れて行くのだが休診日だといって断られ、診療もなく、応対に出てきた看護婦とみられる女性にただ渡された解熱剤を（当時は幼児期に解熱剤を飲ませることは危険性があるとも知らずに）服用させたところ一時間後には三六度台に熱が下がる。昭和三〇年代当時、解熱剤処方に対して世間の理解がされていなかった。

その後も私の発育を心配した母はさまざまな医療機関を巡ったのだが、当時の医者の診断では「何が原因でどのような病気か、未熟児による先天性か、または高熱を出したときの解熱剤

処方の誤りなのかわからない」。

また、別の医療機関では、半年か一年の寿命と診断されたらしい。

そのことを聞いた母は、私を乳母車に乗せて連れ歩いていたという。

なぜかと聞いたところ、「たとえ短い命であったとしてもこの世にいる限り、そして連れて歩ける限り、世の中を見せてやりたいから」と言っていた。

そして、しばらくしてから、私は脳性小児麻痺と診断されたのだった。

真っ赤なバラ

その後、四年の月日が流れたが、私は幸いなことに天に召されることはなかった。その間に妹が生まれ、よちよち歩きを始めていたが、私は相変わらず乳母車に乗っていた。ある日の何気ない昼下がり、路肩の垣根にバラが咲いていた。その垣根のお宅で、バラを一輪折ってもらって乳母車に差して買い物に行った。スーパーの中は人混みが凄いため、出入り口の外に乳母車を停めて私を乗せたまま、母は妹と買い物をしに店の中に入っていく。

その光景はいつもと変わらぬものだったが、ただいつもと違うといえば一輪のバラの花が乳母車にささっていたこと。

独りぼっちになった私はきれいで珍しいものと思い、何の気なしにバラの花の茎をシッカリと握ってしまったのだった。

その時の驚き。バラのトゲが痛いか痛くないかどころの話ではなく、それはとてつもなく痛かった。バラを手から放そうとすればするほど余計に緊張して握ってしまい、目玉がひっくり返ってしまうほど痛くて、この痛みは六十数年経った今でもしっかりと覚えている。手のひらから血が流れ出るのを見てまた絶叫してさらに泣き叫んだ。すると周囲にはあっという間に人だかりができてしまった。

なぜ泣いているのだろう、血を流しているようだが、どうすればいいのかという「戸惑い」と、なぜ四～五歳の子どもが乳母車に乗っているのだろうかという「疑問」だ。ただ、手にバラのトゲが刺さって痛くて泣いているということは、集まった人たちにはわかったはずだ。しかし、緊張のせいでバラを放したくても放せなかったことは、誰も理解できなかったと思う。

そして私は周囲から集まってきた人たちに驚きと怖さを感じた。

その騒ぎに気づいて駆けつけてきた母は「この子は見世物ではありません！」、そう叫んだそうだ。その日を境に自分は普通の人とは違うと認識しはじめる。

この頃から人前に出るのが怖く、嫌いになった。

母の神頼み

当時は脳性小児麻痺の私と、幼い妹、そして酒乱で事あるごとに手を上げ、周りに迷惑をかけ、まともに生活費も入れない父と、優しい母の四人家族であった。

当時なぜかわからないが、私と妹は母のことを「アーちゃん」と呼んでいた。

母は、明るく陽気で気さく。そんな母は幼少期、戦争で両親を亡くし、いろいろと苦労したという。十代で上京し、外国人の家でお手伝いさんとして働き、のちに見合いで結婚した。家庭を持ち、落ち着いたと思ったら、夫は酒乱、生まれてきた子どもは脳性小児麻痺のこんな状態で途方に暮れたと聞く。そんな話を聞いてなのか、近所の人から「奥さん、良いのがあるわよ……」と創価学会の入信をすすめられたそうだ。

創価学会に入信したものの……

気がつくと私も母の横で題目を唱えていた。創価学会の根幹の修行として、日蓮の教えに基づいて、南無妙法蓮華経（なんみょうほうれんげきょう）の法華題目を唱えていた。

創価学会では数か月に一回の割り当てで信者同士の座談会が信者の家で開かれる。座談会では最近の題目の成果が信者たちによって発表される。そのなかで私の前世について、「侍の身分で、人を何人も殺めた。だからこんな体になったのだ。だから題目を唱えなさい」と言われ、呪文を唱えるように私の体に数珠を擦りあてるのだ。母も熱心に題目を唱えることを強要する。そして、私は題目を唱えることが習慣になった。一日のノルマとして四〇分くらい、供えるロウソク約一本分を朝と晩の二回。ある日私は、母に「いつ体が治るか」と聞いたことがある。すると母は、「アーちゃんにもわからないけどね、一生題目を唱えれば治るよ」と言った。

父は創価学会については、猛反対だった。時に怒りが頂点に達すると仏壇を倒したり、破壊行為を繰り返した。それに対してまた母は涙を流しながら怒る。そういったことを諦めの気持ちでただ眺めていた記憶がある。

そんなことが幼少期からず～っと続いてきた……。

学会の力で障害を治す？

創価学会の犠牲者として忘れられないのが幼馴染みのK氏だ。彼と私はよく似た境遇だった。

彼もまた脳性小児麻痺者で、彼の父も酒乱。そして母親が創価学会に熱心だった。彼の家庭は学会におおきな期待を抱いていたようで、母親が彼の障害を創価学会の力で治せると妄信してしまい、リハビリ・学習をするのに一番大切な年齢のときに彼を強制的に治療施設（北療育園・北養護学校）から退院・休校させ、家に連れ帰ってしまったのだ。そして団地の一室に閉じ込めて、彼に日々ひたすら題目を唱えさせたのであった。

そのときは、彼の人権など考えてくれているのかな……と子どもながらに思った。一人になれるスペースは押し入れの中だけだったという。

これは余談にはなるが、彼の親父さんの酒乱を何とかしてほしいとの相談をうけたことがある。その時は、私の母ではなく、なぜか父が説教しにいったのである。酒乱が酒乱を説教するという、これではまるでドリフのコントではないか……。当然と言うか必然的と言うか、その時も酒を飲みながらの話し合いになって、さらに二人は意見の違いで大暴れしたという。父曰く、「あいつは酒乱でどうしようもない！」と、コントの「オチ」を言っていた。

彼とは、私自身の再入院や進学などがあったため、物理的に離れた環境で暮らすこととなった。そうなると身体の障害のためになかなか会うこともできず疎遠になってしまった。

しかし、なんと一〇年後に成人生活施設、清瀬療護園で偶然にも同室になるというかたちで再会し、共に生活することとなった。再開したとき、彼の障害は改善するどころか、むしろ重く進んでしまっていた。

母とのリハビリ奮闘記

自分の幼い頃は戦後十数年しか経っていないから、もちろん何もない時代といってもよい。そんななかで母は頑張って私のことを育ててくれた。

記憶に残っている光景は、トタンでできた雨漏りし放題のボロ屋、氷で冷やす木製の冷蔵庫、時々おにぎりをねだりに来るホームレス、養豚場の臭い、変電所の風景。そして部屋いっぱいに貼られている父が大事にしていたヌードポスター……。

母の話では、貧しい家庭だったためか世間も冷たく、それに加えて重度障害者をどう育てていけばよいのか途方に暮れていたそうだ。

「何度かお前の首に手をかけたことがある」と大人になってから打ち明けられた。

北療育園に通う日々

だが、何とかしてやりたいという気持ちもあったので、有名な大学病院・医療機関を転々としたという。そして東京都北区にある医療施設「北療育園」に外来として通うことになった。そこは障害をもつ子どもたちのための医療施設であり、そこでリハビリ「訓練」が始まった。自宅のある東京都町田市から北療育園まで約五〇キロ、公共交通機関を使って母は私をおんぶして通った。電車に乗っていると、乗り合わせた乗客のなかには物珍しそうに上から下へ目を凝らしながら見る人もいた。時には子どもが珍しそうに近づいてきた。すると、子どもの親が「病気がうつるから近づいたらダメ！」と言いながら、手を引いて遠ざかっていった。母はそのたびに悔しい思いをしたという。

病気がうつるといえば、当時詳しく覚えてはいないがゴキブリが脳性麻痺の菌を持っているという噂があった。目の色を変えて右手にスリッパ、左手に殺虫剤を持ってゴキブリ退治に躍起になっていた母が怖かった。

母の厳しい訓練・リハビリ

病院で教えてもらった訓練を家で実践したときの母も怖かった。固く縮んだ筋（すじ）や筋肉を無理やり伸ばす。強烈な痛みで気を失うほどであった。当時の訓練目標は、床に座って自分で座位を保つことだ。そのためには、足を曲げたり伸ばしたり、寝返り、腹ばい、腹筋、ほか多数……、毎日毎日、二時間から三時間をかけて訓練を続けた。そのおかげで食事の時には、椅子に座ってスプーンを使い、こぼしながらではあるが、八割ぐらいは自分で何とか口に運べるようになった。また、家の中を歩行器で歩けるまでになった。余談だが、その歩行器で散歩に出たとき、近くの竹やぶにはまってしまい、そこから抜け出すことができなくなって思い切り泣いた思い出がある。

また時折、訓練が辛く厳しく痛いことで泣き喚くと、近所の人たちが心配して家の中に駆け込んで来て母に向かって、「早まらないで、奥さん！」と止めに入るほどであった。

母の機嫌が悪いときは、よだれを垂らしていると、よだれ掛けだけでは間に合わないことから「缶詰めの缶を首から下げておこうか」と脅されたこともある。

だからといって、私は決して母のことを嫌いではなかった。

きついリハビリの時間以外はとても優しかった。子守歌や昔話、怪談話、余計な話として父の酒グセの悪さ、女グセの悪さなど、話ながら寝かせてくれたことが今も心に残っている。普段はよく歌謡曲を二人で一緒に歌った。私は今でも言語障害があるが、今以上に当時はまったくといっていいほど話すことができなかった。

そんな私が何とか話すことができるようになったのは、きっと母と一緒に歌っていたことが大きいと思う。

これも余談だが、私は乳離れが悪く、五～六歳になっても、なかなかおっぱいを放さなかったらしい。そして施設入所を見越して、母はおっぱいにマジックで怖い顔の絵を描いて、私を近づけないようにしたという。そのことについては私も覚えている。

そうして母と共におこなってきた数年間のリハビリを終えて、厳しく辛い集団生活「北療」に入院するのである。

機能改善病院、北療育園に入院する

六歳の時、それまで外来（リハビリ）で通っていた東京都立北療育園へ入院することになった。

入院初日に起こったことは今でも忘れることはない。母親に「先生とお話してくるからここで待っていなさい」と言われ、ベッドで一人待っていた。その日は東京オリンピックの開催初日だった。窓の外、空にジェット戦闘機（F－86ハチロク）で描かれた五輪の輪を眺めていたことを覚えている。

突然にはじまった入院生活

どれくらい待ち続けただろうか……。いっこうに母親は現れない。外はもう薄暗くなっていた。暗い部屋で待っていると突然看護婦が現れ、「食事だよ。ご飯を食べに行こうか」と、食事に誘ってきたのであった。

そして、「今日からここで頑張って体を治すために、訓練しようね」そう唐突に告げられた。私はまったく事態が飲み込めず「お母さん、どこ行ったの？　家に帰りたい」と泣き叫び続けた。

その間、看護婦からは「君はどれくらい体が動かせるの？　何ができるの？　できないの？」と言われながら体中を触られた記憶がある。その時、不意におしっこがしたくなり「おしっこしたい」と看護婦に言ったら、何やら花瓶のようなものを持ってきた。そして「これからはこうやってトイレをするんだよ」と言って私の股の間にシビン（尿瓶）を当ててきたのだ。それまでトイレは親に抱えてもらい便器で用を足していたので、そのとき受けた衝撃は相当なものだった。

生まれて初めてシビンという物を使ったのだが、使ったことがある者にはわかると思うが、最初のうちは違和感のあまりとにかく出ない……。そしてしまいには尿意が引いてしまうのだ。と、そのとき不意にガスが出てしまった。看護婦は「やってもらっていることに対して屁で返すなんて！」と言いながら私の尻を叩く。他人に手を上げられたのもこの時が初めてだったので、この日のことは今でも鮮明に覚えている。

私は、昔も今も尿と屁をいっぺんに出すのが大好きなのだ。だが、それをわかってもらえないことが凄く辛かった。「ああ、これからは好きなように用も足せないのか」と思った。

もうひとつ鮮明に覚えていることは、食事のときのことだ。食べさせてもらうのであるが、やたらと看護婦から「顔を上にあげろ、大きく口を開けろ、上を向いて呑み込め」と言われる。頭を上げて口を開けるのは緊張も強くなって、首の神経を痛めやすいのでよくないこととされている。だが、そのときは看護婦がやりやすいようにやらされた。

こんな流れで何の前触れもなく、北療育園での集団生活が始まった。それは、「虎の穴」（アニメ作品『タイガーマスク』に登場する悪役レスラー養成機関）に放り込まれたような苦行の日々だ。アニメの主人公タイガーマスクは厳しい掟が敷かれた「虎の穴」という悪の訓練施設のなかで身体と精神を鍛えていき、やがて周囲の弱い者を助け、悪者をくじいてゆくのだ。自分のことを何かとヒーローと重ねたい私は北療を虎の穴にたとえ、タイガーマスク（伊達直人）になり切って日々を送ることでリハビリの苦行に耐えようとしていた。

北療育園での日々

東京都立北療育園は東京都の小児病院で、障害児の内科、整形外科、その他、身体機能手術、リハビリ、機能回復を目的として、三歳から一八歳までの数多くの子どもたちが入院していた。職員の構成は、医師・看護婦・理学療法士（ＰＴ）・作業療法士（ＯＴ）・生活指導員・心理指導員・保母・その他であった。職員は、他の医療機関よりも若い年齢層で占められていた。その理由としては、患者が子どもということと、患者を抱きかかえることが多いからであった。関連する看護学校からの協力もあった。

一日のタイムテーブルはこうだ。六時に起床し、七時三〇分から朝食。訓練は九時から一〇時三〇分。一一時から昼食。一三時から訓練。一六時から夕食。夜は二〇時に消灯。

月の第一日曜日と第三日曜日には家族との面会が許されていた。面会の時間は二時間ほどで、親と別れる時間になるとあちらこちらから泣き声が聞こえてきた。

消灯時間が早いことで残念な思い出として残っているのは、ゴールデンタイムのアニメなど一番盛り上がるところで、「そろそろ寝る時間だよ」とテレビを消されてしまったことだ。たとえば、ウルトラマンが怪獣にスペシウム光線を浴びせるところでテレビを切られたり、おそ松くんの一番おもしろいところで配電盤のスイッチを落とされるとか、子どもにとっては酷な仕打ちだ。時には「時間だよ〜。早くベッドに入った人には、今度テレビを観る時間を三〇分伸ばしてあげるよ」と言われることもあったが、その言葉を信じて行動しても実際はそうはならなかった。また、そのことに文句を言うとビンタを食らったり、尻を叩かれたりする。

あまりにも頭にきたので、仲の良かった友達と脱走する計画を立てて、二人で寝返りを繰り返しながら決行したことがあった。道中、腹が減って雑草を食べたがすごく苦くて不味かった。結局のところ泥だらけの傷だらけになって、職員に見つかり連れ戻されてしまった。

あとは、何かと課題を出され（ベッドの上まで一人で上る、食事を一人で食べるとか）、それをクリアできた人だけが、消灯時間を三〇分遅くしてもらえるというエサで釣られることが毎日のようにあった。障害の重さなど関係なく言われることが微妙な心境だった。そうはいっても「ここっ、ここを超えなければ！」と、思うのだった。私のような特に重度の障害のある者は課題をなかなかこなすことができず、テレビを観ることが許された者たちをいつも指をくわえて見ていた。

厳しいリハビリ

訓練（リハビリ）の内容は子どもたち一人ひとりの身体機能が違うように、それぞれ課題が異なる。その課題は担当の訓練士が子どもの体を見て決めていた。最重度であった私は、寝返り、腹ばいから始まった。

寝返り運動は、体にとって必要なバランスをとるためにおこなうものとして必要とされる。そして、腹ばい運動は、背筋と腹筋が協調して強化され、肩の安定性にもつながる運動で、手や足をうまく使うための基本を作るのに非常に重要な運動とされる。

一〇メートルくらいの距離を、寝返りで往復一〇回、腹ばいで往復六回、それは自分でおこなう運動であって、この後から担当の理学療法士がついてメインの運動となっていく。ここ北療では、理学療法と機能回復手術をメインの治療法としておこなっていた。当時は週に一日が手術日とされ、仲間は次々に手術台の上に乗せられた。手術のあった日の夜は「痛い、痛い」のうめき声が止まなかったのを覚えている。筋をメスで切って伸ばして張って、また次のところまで筋を伸ばす。その後、ギブスで元に戻らないようにがんじがらめに固定する。そして三か月後ギブスを外したときの痩せ細った所を、曲げ伸ばしする。それもまた、発狂し気を失うほどの痛みだったという。その後も地獄のようなリハビリが続く。

　私はというと、最重度だったため、手術の対象になることはなかった。ほんの少しだけ睨まれたことはあったが、相手にされなかったのだった。それもちょっと寂しかった気もするが、しないほうが結果的には良かったような気がする。そのようなことを横目に見ながらリハビリを続けていた。自主運動のときは、擦り傷、切り傷が絶えず、教官がつく本格的な運動のときはヘッドギア・ヘルメットを被るほどであった。そして、一人で座って食事ができて、立って歩いて等々といきたいところだが、そう上手くはいかない。まず座るところから始まった。座るには腹筋や背筋を鍛えて腰に力が入るようにしなければならない。足の関節も柔らかく曲げたり伸ばしたり。「こっちのほうが切り傷がないから、まだこっちのほうが痛くないのかな……」と思いながら続けた。

「虎の穴」での苦行、厳しい掟

自分で座れるようになるまでには三年くらいかかったと思う。しかしそこで座るという目標が達成できたわけではなく、さらにバランスを崩して倒れても怪我をしないような訓練をしなければならない。それは何かと言えば、床、コンクリート、最後は砂利の上で、バスケットボールを四方八方から当てられて倒れても怪我の少ない倒れ方、要するに受け身を取る倒れ方を練習するのである。もちろんそんなことをやった後は体が傷だらけになってしまう。

また、体に余力があるときは、つま先から股関節までロングブーツ（アパラート）でがんじがらめに固定したうえに靴底を丈夫な板に固定した特殊な靴（強制靴）を履いて三〇分くらい立位を取るといった訓練もおこなった。訓練後は全身の筋肉が痛くて力も入らなかったのだが、訓練棟から病室まで自力で移動してパジャマに着替え食堂まで移動しなければ夕飯は食べられなかった。訓練時間が終わると二〇～三〇人全員で一斉にスタートを切って夕飯というゴールを目指した。

二〇～三〇人の障害者が一気に狭く汚れた廊下になだれ込み、それはもう悲惨だった。職員が土足で歩いたその廊下をベロベロと舐めながらヨダレを垂れ流し這いつくばる者。そういった者を車いすに乗った者は笑いながら轢き飛ばしていく。腹ばいで移動する者は決まって誰かに踏みつけられていた。

不衛生だったため、そこでできた傷口は膿み、頭はできものだらけ。頭をぶつけるとそこからも膿が噴き出てきた。傷口が痛いの何の！　さらにシラミも湧いていた。そうして全員（女子も）強制的にスキンヘッドにされたのである。

この時代、多少のことでは施設側に文句を言える親はいなかったが、この時ばかりは「酷過ぎる、子どもが可哀そう」という抗議の声が利用者の保護者からあがった。だが、施設側は、「自分のことは自分でする」という方針を変えることはなかった。

職員の思い通りにならないことがあるとそれが故意・過失に限らず、とにかく殴られることによって支配されコントロールされた。たとえば、職員Aと職員Bはそれぞれに言うことが違い、どちらかの言うことを聞くと聞かなかったほうから殴られる。

思い出すと本当に腹が立つことばかりだ。

普段、看護婦たちからは、「由知（よしとも）」の字から「ゆーち」「ゆーちゃん」だったり、膝立ちで歩いていたその姿から「ペンギン」といった割と可愛いあだ名で呼ばれていたが、看護婦の機嫌が悪いと「ふじさわ！」になる。どう呼ばれるかは、看護婦たちのその日の機嫌を知るバロメータであった。なので、「ふじさわ！」と呼ばれた日はビクビクしていた。そしてやっぱり難癖つけられて殴られるのである。

こんな辛いときは当時人気があったタイガーマスクのテーマ曲を口ずさんだものだった。

脳性麻痺とは……

脳性麻痺という障害は先天性によるものもあるが、未熟児として生まれたことによる酸素欠乏などから引き起こされることが原因のひとつとされている。

障害の原因は大脳が指揮命令する運動神経の損傷からくるもので、自らの意思とは異なった働きをしてしまう硬直・不随意運動（大脳基底核の病変によって錐体外路が侵され、意識とは無関係に異常運動が起こる状態をいう。運動過多が現れることが多い。～ブリタニカ国際大百科事典に拠る）がこの障害の特徴である。

障害の機能回復には医学療法（リハビリ）や薬投与などが効果的だとされているが、それらは改善する方法ではなく障害の進行を止めるためのものであって、年をとるにつれて各関節の収縮による痛みやシビレなど、障害の度合いは重くなる。また、環境からくるストレスや障害を補おうとする自助努力が積み重なり筋肉の緊張が増し二次障害を引き起こす。脳性麻痺者の多くはアテトーゼ型（不随意運動からのねじれるような動き）であり、そのため自らの緊張で頸椎の軟骨をつぶしてしまいヘルニア的な症状がでてくる。具体的なものとして手足のしびれ、感覚の麻痺、身体の力が抜けるなどであるが、それらは個々人によって異なる。また、二次障害は身体的なものだけでなく精神的にも多大なストレスを与える。

私の場合は具体的に言うと、手足を自分の思うように動かせない。たとえば、単に腕を動かすだけでも全身に力を入れなければならないし、思い通りには動かせない。足は手よりは多少マシだが、同じようなものだ。さらに、たちが悪いことに、逆に自分の意思とは関係なく勝手に動いてしまうことも多々ある。たとえば、物音がしたとき、注射を打つとき、感情が高ぶってしまったときなどだ。

重度の言語障害も持っている私は言葉を発するときも同じく全身に力を入れなければならない。そして、一単語、なんなら一文字を発声するのもひと苦労だ。一単語を発声するまでに、健常者の何倍もの時間を有してしまう。そしてやっと発した言葉も聞き取りづらいものなので、会話をするときにはお互い根気が必要だ。また、本を読むときやテレビを観ようとするときにも全身に力が入ってしまい、首が落ち着かず、ひとつの物を見続けるのも容易ではない。

このように何をするにも己の身体と闘いながらおこなうのである。健常者と比べて一つひとつの動作に何倍もの苦労をして、やっと何分の一か、何十分の一かをこなすことができるといったところだ。

第2章

養護学校へ、そして仲間との出会い

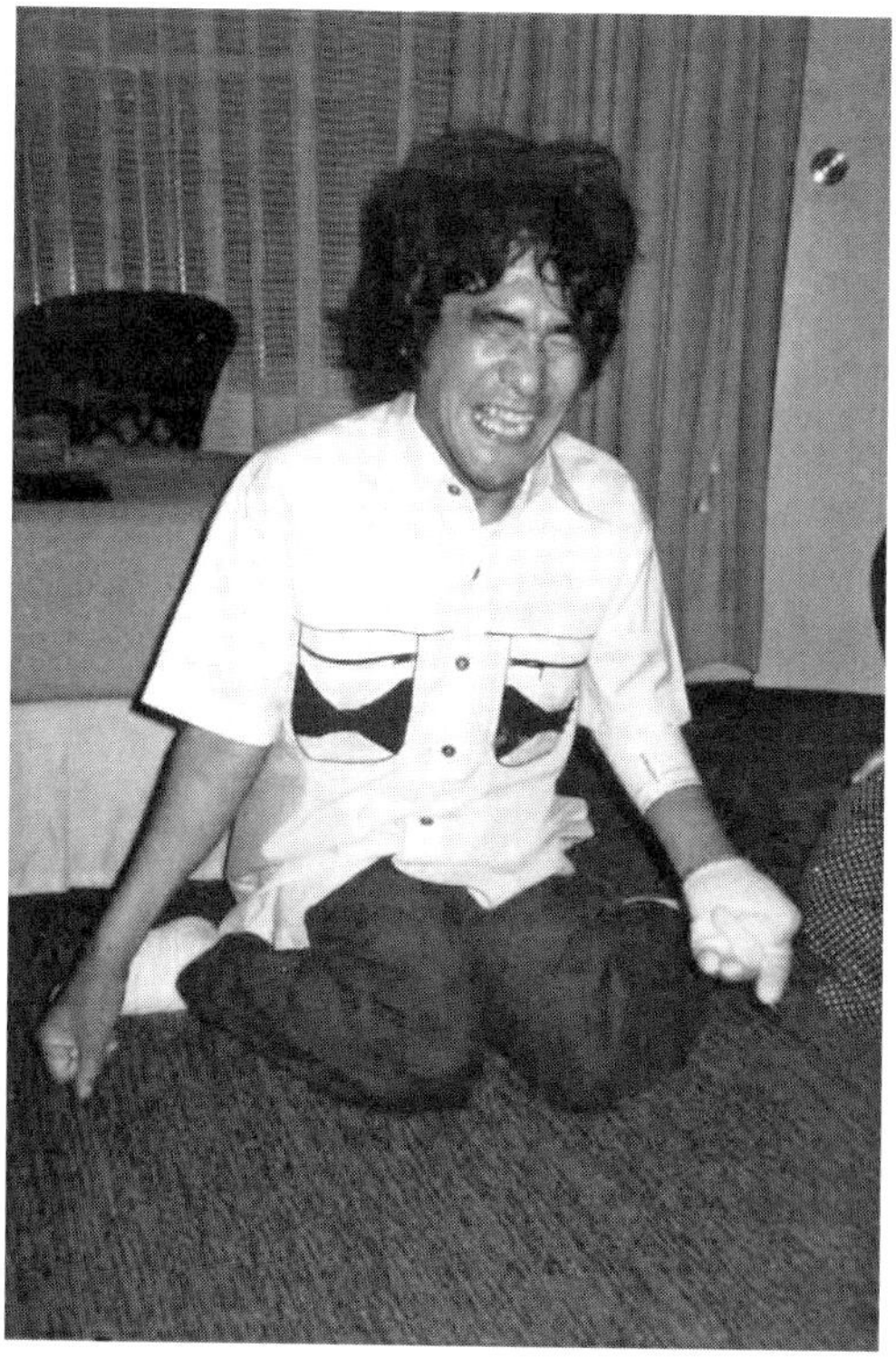

小学校での生活がはじまる

養護学校への入学

入院していた機能改善病院北療育園と同じ敷地内に文部省が建てた北養護学校に一年遅れで入学した。本来なら一年前に地元町田の小学校に入学することになっていて、そのクラスには私の名前がついた机もあったという。しかし、私にとってその頃は小学校入学など考えることなどできなかった。北療育園に入ることによって、たまたま養護学校に入学できたといっても過言ではない。そして、ランドセルは背負わなかったが、鉄人二八号の学習アタッシュケースを持って学校に通い始めたのである。

当時、まだ養護学校は義務教育ではなかった。都立の付属校は、小中高等部に分かれていて、施設外からも大型スクールバスを使って在宅の障害児が登校していた。この頃は養護学校の数も少なく（都内にはまだ六校しかなかった）、また重度・重複障害者の教育権利が制定されてなかったことから、自分のような障害者は学校に通いたくても必ずしも通えるとは限らない時代でもあった。そして養護学校に入学することは当時審査が必要で、学力や物理的に通える条件が整っている者だけに限られていて、簡単なものではなかった。ちなみに、養護学校が義務教育化されたのは一九七九年になってからである。

ピカピカの一年生のはずだったのに……

入学できたのは良いが、障害児教育の現場はまだ教育する側にとって未知の領域が多かったのだろう。校舎の造りも養護学校であるのにもかかわらず、車椅子に対して配慮も工夫もされていなかった。たとえば教室を移動するにしても、他の階へ移動するのにもエレベーターはなく、途中に踊り場がある長いスロープを利用して毎日上り下りするという始末だ。トイレの造りも、車椅子仕様の工夫も何もなく普通に作られたもので、手すりさえなかった。だから介助は人の力のみで何とかしなければならない。トイレは、親たちが抱きかかえて用を足していた。私には直接影響はなかったが、スクールバスにも今のようにリフト類が付いているわけでもなく、生徒たちの乗せ降ろしは教員と親がすべて人力でおこなっていた。そして、冷たく硬く使いづらい木製の机と椅子を使っていた。

ピカピカの一年生ということで、学生帽と上下黒の制服で革靴を履くことを夢見ていたが、現実は施設内で洗濯していたので洗い方も雑で、リハビリと称して脱ぎ着もなるべく自分でということから、まともに身に着けることができないため、いつもヨレヨレのシャツに擦り切れたズボン。そして穴の開いた靴下というものだった。靴は当時履いていなかった。歩けないから必要ないということと、履かせる側の「そんなのめんどくさい」という都合から履きたくても履けなかった。

施設から学校までは三〇メートルくらいの距離だったので、通学するのにはそれほど苦労はなかった。通うときの乗り物としてキャリア運搬車というものがあって、子ども横並び三人の縦三列、計九人を乗せて二人の大人が前後で押していた。当時、車椅子は数少なかったし、這いつくばって移動していればよいという風潮もあって、よほどの怪我や病気でもしなければ車椅子なんて乗れなかった。だから外ではその運搬車に乗って移動していた。毎朝、通学時に運搬車に乗って病院の玄関前で待っていると学校から介助当番の親たちが迎えに来て、運搬車ごと連れていくという流れであった。冬の寒い日は、玄関前でそれに乗って放置されていると寒くて涙と鼻水がチョチョ切れるほどであった。そのうち、汚い臭い身苦しい、などと互いの障害を罵り合う。そして、狭い所でケンカをはじめるのだった。さらに運搬車からの落とし合いをはじめる。だからその運搬車に乗るのが凄く嫌いだったのだ。

一学年は三クラスあって、ひとクラス二〇人前後だった。三クラスとも重度、軽度の者が同じような割合で混在していた。

この頃、身体障害というと脳性麻痺などがほとんどで、重複障害（脳性麻痺に加え知的障害など）は全校生徒の二割程度だったような気がする。

一番軽度とされる者は普通の人よりちょっと足を引きずる程度で、次に杖をついて歩くほか、身の回りのことは自分でできる者。三番目として七〜八割は自分でできるが、一部手助けが要る者。そして自分のような二倍三倍さらに四倍手のかかる者は最重度ということだった。

養護学校の授業の内容としては、低学年の頃は普通の小学校と変わらないところから始まったと思う。しかし、やがて中学年、高学年にかけて学力の差が出てきたところで、算数、国語などは同じ学年でも学力別でクラスを分けて授業がおこなわれた。

親たちの関係が入りこむピラミッド体制

普段何もないときは平和だが、運動会や学芸会や遠足など何かの決めごとがあると揉めることがあって、互いに身体機能の罵り合いが始まる。そこで子どもたちの口から出てくる互いへの悪口のその原因は、実は普段家で親が言っている学校の悪口（クラス内の話）だったり、施設職員の小言だった。

本来ならば、学校生活とは子どもたちだけの世界であって、人としての社会経験を学ぶべきところのはずだが、ここでは普通校と違い、日替わりで保護者たちが介助当番として、常に三

～四人が居続けた。これにより、本来なら子どもたちが関わるべきでない、関わらなくてもよい大人の事情が子どもたちのなかにも入り込んできた。そのような環境下に置かれた子どもたちはやがて大人たちを真似するように、縦の関係を身に付けていく。

学校の介助体制はクラス内の親たちで当番が構成されていた。親たちの関係は子どもの目から見ても決して良い雰囲気ではなく、四段階ほどのピラミッドで形成されていた。それは、重度の子どもをもつ親は自分の子どもの介助を軽度の子どもをもつ親に託さなければならないということがあったので、軽度な子どもをもつ親ほど周りの親から奉られ頂点へ、重度の子どもをもつ親は何かと負い目を感じながら肩身の狭い思いをしながらピラミッドの下段へ。

ある時、私が相変わらずノートに字にならない曲線を書いていると、介助当番で来ていた私の母が突然、字を書けない私をヒステリックに貶し罵倒したことがあった。今思えば、障害のある子をもつ親同士のなかで、なんで自分だけこんな惨めな思いをしなければならないのかという、やり場のない悔しさや怒りが溢れてきたのだろう。

しかし、そんな母の気持ちなど子どもの私には察することなどもできず、これを聞いた私は「なんだ、ばか野郎」と、ただただ惨めで悔しかった。

発熱と体のケア

健康面でいえば、私は時々発熱する体質で、運動会や遠足といった行事があるタイミングでよく熱を出したり、寝込んだりして参加できないことが多かった。興奮すると熱が出やすい体質だったのかもしれない。そして、遠足で熱が出ないときは雨が降ることが多く、遠足が中止になってしまう。遠足のグループのメンバーたちから一緒のグループになりたくないと言われ避けられていた。そういったイベントの前後は「妖怪雨男」とみんなから呼ばれていた。ちなみに今でも雨男のままである……トホホ。

私はこの時期（小学三年生）、重病に倒れてしまうことになる。高熱を発し、喉は腫れ、食事もとれず一週間以上点滴だけで栄養補給した。詳しく検査をしてみると虫歯菌が喉に回ってしまったとのことで、喉仏を切開し膿を出した。障害があるために、身体のケアが後回しになってしまうことが身体障害者の弱点のひとつだと思う。このときの原因究明があと少し遅れていたら死んでいたと聞く。

周囲から好意的にはみられない、母の出産

小三の半ば頃、母親が妊娠したとのことで産前産後は当番に来られなくなりで半年間抜けることになった。その間、自分の介助を他の親が担うこととなるので、母が妊娠したことを周囲

は決して好意的な目では見ていなかった。それは自分の障害が最重度であったためである。

介助当番の親たちはネックレス、ブレスレットなどで着飾ってくる。爪も伸ばしていた。私は介助をやってもらうたびに、アクセサリーに引っかかってしまい、時に壊してしまうこともあった。アクセサリーなんてしてくるなよ！と思うこともあったが、それはさすがに口に出せなかった。

予想通り、そして予想以上に嫌われ者になっていった。そして、私自身も親が来ないことで困った。授業で使う教材なんかは自宅から持ってくる物がほとんどで、施設に入所している子どもでも親が教材を持ってくることになっていた。図工の時間に食品の空き箱を使って自由に組み立てるという課題が出されたそのとき、母が来ない私はクラスメイトから貰った切れ端のみで皆よりも上手く作ってみせ、「ざまぁ〜みろ」と、得意になったことを覚えている。でも、本音を言うとやっぱりちょっと寂しかった。

クラスメイトの親は、「こんな重度の子どもがいるくせにまだ子どもを産もうとするのかよ、周りの迷惑も考えろ！」と言っていた。また下校時、自分だけ取り残され担任や他の親たちに遠巻きにされ、直接「あんたのお母さんいつ出てくるの、私たちは迷惑しているの」と襟をつかまれながら厳しく詰め寄られた。担任がそのなかに含まれていたことがショックだった。そんなことが何回かあったため、病院の車椅子を勝手に拝借し、逃げ隠れてしのいだこともあった。その間、食事もトイレも我慢したのだが、長続きはしなかった。病院内に避難場所を見つけるとはいっても、結局のところ病院内でしかないので、職員に見つかるのは当然、時間の問題だった。やがて学校にも行かず病院の職員の言うことも聞かない。看護婦もあんまりうるさく注意するので「お前らなんか、俺らがいるお陰で給料もらって飯食っているんだろう！」と憎まれ口をたたいたのだった。それを聞いた看護婦は顔色を変えて何度も血が出るほど顔を叩き続けた。そして何日間か隔離室に放置された。この頃から性格が荒れ始める。

楽しい出来事

もし今の自分がそこにいたら辛くて耐えられないな……と、この文章を書きながら思う。

当時、不平不満を感じながらも過ごしてこられたのはやはり子どもだったからで、あまり考えてもいなかったのだろう。それが乗り越えられた秘訣だったのではないかと思う。今まで辛いこと、嫌な思い出ばかり書き並べてきたが、それなりに笑いもあったし、仲間と楽しく過ごした思い出もある。

決して多くはなかったが自由時間もあって、そこに職員たちはあまり介入してこなかった。覚えているのは怪獣ごっこだったり、病院ごっこ。特に病院ごっこはそもそも今いる場所が病院なので、手術ごっこ、浣腸ごっこなど、普段自分たちがやられていることをそのまま真似するものだから、専門用語も使ったり、なかなか本格的で楽しかった。

また、施設側が企画する行事も沢山あった。あまり楽しいものでもなかったが、そのなかでひとつだけ心に残っているのはクリスマス会だ。その日は学校から帰ってくると室内会場が赤や黄、青の照明や色とりどりの飾り付けで彩られていた。事務職・技工士・厨房などの病院職員が全員参加で子どもたちに一対一で付き添ってくれて、食事とか色々やってくれたのを覚えている。その時ばかりはいつも恐い看護婦もニコニコ笑っていた。駄菓子が入った長靴を貰って嬉しかった。こんな日がずっと続けばいいなと思った。

三人きょうだい、長男は障害者

出産のため休んでいた母が生まれたばかりの弟を抱きかかえ、久しぶりに面会に現れた。私は弟を見て「あっ、猿だ」と、とても驚いたことを覚えている。それは初めて見る赤ん坊だったので当時の私はとても衝撃を受けた。妹が生まれたときの記憶はまったくなく、気がついたときにはすでに横にいたからだ。

そして弟がこの世に生まれたことで三人きょうだいとなったわけだが、私には長男という自覚はなかった。自分より手が利いて立って歩くことができる妹は、生まれたときから私よりも優れた存在であって、当然のように自分を追い越していく者だと思った。子どもながらにそう感じていた。しかしそれは障害者ゆえの甘えだったような気がする。

母は学校行事（遠足・運動会・学芸会・授業参観など）の日程が妹と重なってしまったときは、私の障害が重かったため、どうしても私のほうを優先せざるをえなかった。それを当時の私は知るよしもなかったが、事あるごとに妹は「兄ちゃんなんだから、兄ちゃんのため」と母から言われ続けてきたのだ。たとえば、運動会のお昼に周りの同級生が家族と一緒に食事をするのを横目に妹は一人で食事を取った。授業参観にも誰も来なかった。そして、「我慢しろ、我慢しろ」と言われ続けていたのだった。

世間一般でも障害者をもつ家庭の親は、さも当たり前のごとく、きょうだいに対して「私たちは先に天国に行ってしまうから後はよろしくね！」と、勝手に第二の保護者になることを押し付ける。なんの理屈もなく、〝きょうだい〟ということだけで。それがそういう家庭に生まれた、きょうだいの当たり前の人生となってしまう。

私が意識過剰なのか、今でも妹は私といるとき、いつも何か不満そうだなと感じてしまう。妹には幼い頃から惨めな思い、可哀そうなことをさせてしまったと思う。ごめんね……。

こんな妹とのエピソードはまだあるのだが、次は、北療を強制退院となり、家に戻ってからの話をしたいと思う。

そんなこんなで、戸惑いながらの集団生活は四年の月日が経っていた。

小学校四年生、機能改善病院より強制退院

度重なる問題行動の末、両親が厳重注意され、親の愛情が足りないからという理由で強制退院となった。

この頃は、今のように市区町村に一校ずつ養護学校がある時代ではなかった。当時は都内に六校しかなかったうえに、どんなに自宅から離れていても今まで在籍していた養護学校に籍を置き続けることが当たり前だった。本音を言えば普通校に通いたいという想いはあったが、当時の常識とはかけ離れていて考えが及ばなかったといってよいだろう。

そして、たとえ普通校に通えたとしても、その頃は自分の障害に負い目を感じていたので同年代の子どもたちと見比べられ、一緒に過ごすことに耐えられたかどうか……、おそらく無理だったように思う。この時を機に結局学校には通えなくなった。

家族の元での暮らしがはじまるが……

家に帰ってきたのは良いものの、なんとなく家族に溶け込めない自分を感じた。大きな施設から一転して所謂六畳一間の生活。何かやることといえばテレビを観ることくらいしかなく身体をもてあましイラついていた。

物心ついてから間もなく、家族とは離れた所で育ってきた。施設にいた頃は正月休み、夏休みなど家に帰るときはお客様扱いをされチヤホヤされて気分を良くして施設に戻ったものだった。しかし今度は無制限に暮らすのだから家族の者も自分も大変だった。

家に帰っても施設にいたときと変わらない生活を送らなければ機能低下をしてしまうのでリハビリは必ず継続するように言われていたが、いざリハビリをしようとしても六畳一間にテレビや茶簞笥を詰め込んだ狭い狭い家の中では、自分一人では思うようにできなかった。それでも強引にやろうとすれば壁や家具に手足をぶつけてしまう。さらに襖に穴を空けてしまう。結局、家具も壊してしまった。そのたびに親からは怒られ、妹からはバカにされ、徐々に家族というものが嫌になっていった。一人のリハビリは嫌になってやらなくなった。自分が邪魔な存在だとも思うようになっていった。

障害者という引け目から、家族に気をつかう

特に妹とは歳が近いため互いに負い目を感じていた。障害を背負った負い目、また妹からすれば自分の家族に障害者の兄がいるという世間に対する負い目。

当時は障害者をもつ家庭は世間に対して恥ずかしさを感じる風潮があったため、友達が来るのでちょっと隠れていてくれない？と言われ階段の所に布団を敷いて自分を寝かせ、布団ごと二階へ引き上げた。その時は自分も人目に晒されたくないという思いもあって、二人で必死に二階を目指した。何度も転げ落ちてあちこち傷だらけ、夏の暑い日だったので汗まみれにもなって、それでも四苦八苦の末、何とか二階まで登った。……そこまでは良かった。しかし辿り着いた先に待っていたのは薄暗い部屋でただ独り、時間が過ぎていくのをじっと待ち続ける空しさだった。時間が過ぎていくなかで思い出すのは、北寮で仲間たちと遊んでいたときの思い出や嫌いな職員や可愛がってくれた職員たち……、そんなことばかり。

妹は階下で友達と楽しく遊んでいるのだろう。それなのになんで自分だけこんなに惨めで悲しい思いをしなくてはならないのだという怒りが溢れてくる。

翌日、自分一人になったときに部屋の中を水浸しにして妹の服を食いちぎり怒りをぶちまけたことを覚えている。

普通の家庭では家族で旅行に行ったとか、行楽地に行ったとか、そういった楽しい思い出話

があるだろう。

私にも数少ないながら家族と過ごした思い出がある。そして、その思い出には家族のなかで感じた疎外感が今でも強く残っている。家族でドライブに行ったときのこと、サービスエリアで昼食をとることになって店に入ろうとしたとき、ふと「由知はどうする？」と父親から聞かれた。

なんで俺にそんなことを聞くんだよ……、車から降ろそうという気持ちなんて……。と思いながらも子どもながらその場の空気を読んで、皆がここで足踏みしないように答えようと努めた。その頃は一般家庭に車椅子なんてなくて、厄介者の視線を浴びるのであった。それがとても悲しくて「待っているから食べてきていいよ」と言うしかなかった。

そして戻ってきた親に「何食べてきた？」と聞くと「たいしたものは食べていない！」と言うのである。しかし、妹弟たちに聞くとカレー、ラーメン、アイスクリームと答えるのであった。車中が暑い季節ではなかったと思うが汗をかき、なぜ自分だけという思いが溢れ、切なく悔しかった。

子どもながら家族に気をつかい、障害者という引け目を常に感じ、そのなかでさまざまな感情を押し殺していくしかなかった。

そして、あの施設での芋洗いのような日々を懐かしく思ったのである。

やがて妹との喧嘩も絶えなくなり父親からは事あるごとに殴られ、だんだん家族と一緒に生活できるような状態ではなくなっていった。

そんな日々が続き、両親が市の福祉事務所に再入院の相談を再三にわたって交渉し、その結果、再入院ということになった。

人生初めての恋心

それはそれで良かったのかもしれないが、その時のことを思い出すと胸に引っかかることがある。

ある日、見知らぬ女性が訪ねてきた。話を聞いてみると、小学校に上がるときに席を同じくするはずだったクラスメイトの母親だった。さらに話を聞くと「横に座る子がいつまでも学校に来ない、私は嫌われている」と娘が泣くので生徒名簿（当時は住所、電話番号が書かれていた）を頼りに家を訪ねて来たという。

そのことをきっかけに近所付き合いが始まったのだったが、私はいつの間にかその同級生の子に会うのがとても楽しみになっていた。これが人生初めての恋心を抱いた瞬間だったと思う。彼女は私が障害者であることなんてまったく気にしていないようだった。ごく普通の同い年の友達、普通の人として接してくれたのである。それがどれだけ衝撃的で、ありがたかったことか……。彼女と会えば、そのときだけは自分が障害者であるというコンプレックスを忘れることができた。

優しくて明るくて、何より可愛かった。彼女の家族と私の家族は仲が良くて、お互いの家で夕飯を食べることもあった。ある時、彼女のお姉ちゃんから「私の妹は将来、由知君と結婚するんだよね？」と突然言われたことがあって、もちろん冗談だったと思うのだが私は顔を真っ赤にしながらも、とっても嬉しかったのを昨日のことのように覚えている。それからというもの、彼女の目を見てまともに話すことができなかった。

そんな彼女に想いのひとつも告げられなかった。そのことがいまだに心残りだ。

機能改善病院への再入院

この頃、世の中はベトナム戦争の真っただ中。

そしてこの年はアメリカで反戦運動の動きが高まった年だ。当時、北療育園は米軍私有地のなかにある野戦病院に隣接していて、ベトナムの戦地から輸送ヘリ（CH‐47チヌーク）で傷ついた兵士たちが搬送されてくる光景が日常だった。日本でも反戦運動は高まっていて、北療の周囲でも反戦の集会・抗議デモが毎日のようにおこなわれていた。

余談ではあるが、中学の担任が「反戦デモに行くから」と授業を午後から休んだり、赤いヘルメットを被りスーパーカブで通勤していたりしたのを思い出す。

屋上でM16やコルトガバメントなどのモデルガンを使って戦争ごっこをして遊んでいると、ヘリの騒音とデモの抗議の声が一緒に聞こえてきた。デモ隊の学生が機動隊に追いこまれ、よく施設のなかに逃げ込んできた。ベッドの下に隠れて事の収まりを見守っていたことも思い出す。

条件付きの再入院

再入院に際しては、「登校拒否はしない」「リハビリはさぼらない」「職員の言うことを聞く」「いたずらはしない」という条件付きで施設生活が再び始まった。久々に会う仲間たちとの再会はとても嬉しかった。一年半くらい自宅で暮らしていたので、昔居た仲間の何人かは施設を出ていた。もちろん残っているメンツもいた。そんな仲間とは「生きていた！」と声をかけあって笑った。

以前は三〇〜四〇人の大部屋に押し込まれて皆一緒に寝ていたのが、高学年になったということで七〜八人の部屋に移動になった。

直接介助をする職員は相変わらず、看護婦、看護助手、保母であった。しかし職員の手が少ないときなどは、職員の代わりに軽度者が重度者に対し介助していた（相変わらず重度者は肩身の狭い思いのままである）。その見返りに職員は報酬として食事のお代わりをあげたり、夜食を与えたりしていた。そのことに対して文句を言うと「のろまで何もできないくせに何言っているの！」と、頭をこづかれた。加えて、何かと仲間同士の情報を職員に提供する者、媚を売る者ほどよく可愛がられた。洋画にたとえるなら、まるで悪役看守と受刑者の関係、中国で言えば、国民が国民を監視するような、まるで秘密警察のようだった。入所している仲間のあいだでも縦割りの関係があって、それらは学年順や障害の軽度、重度の差で構成されていた。

「やられたら、やり返せ」？

このような状況のなかで、やられるだけではなく自分もまた弱い者をいじめていた記憶がある。それは日常的に、特にリハビリのときに起きていた。職員は入所者にやる気を出させるため、同程度の機能をもつ者同士を競わせ、結果が良くない者には冷たい態度を、優秀な者に対しては褒めたたえた。

結果が出ない＝さぼっている＝職員の言うことをきかない→食事抜き。というように生活のすべてに悪影響を及ぼすのであった。つまりリハビリで後れをとるということは、ここでは命取りになった。それを食い止める手段として、仲間をベッドから突き落とす、車椅子で杖を撥ねる、プロレスと称して関節技で痛めつけたりする。要するに何らかの事故に見せかけて怪我をさせるのだ。そんなことが日常茶飯事だった。まさに弱肉強食である。周囲の連中は仲間でもあったが敵でもあったのだ。当然、やられたほうは一週間から一〇日くらいは安静にしなければならず、その間はリハビリができなくなってしまう。リハビリというのは続けなければ効果がなく、昨日できたことも今日やらなければ明日にはできなくなってしまう。

このような行為を職員は見て見ぬふりをしていて、事実経過を説明しても、「やられたらやり返しなさい」と突き放された。しかし職員にかわいがられている者は、率先して保護されていた。このように施設では、「障害者が生きていくには健常者の言うことをよく聞くこと、そしてかわいがられること」であることを日々教えられた。しかしその時の私はどちらかというと「健常者に負けない！」という強気な気持ちだった。

そしてまたもヒーローになり切り、あしたのジョーのテーマを歌うのだった。

授業についていけない！

学校も小学六年生からスタートすることになった。一年間のブランクのなかでまったく机に向かわなかったことが何を意味するのか、はじめはわからなかった。そして、授業を受けてみると……、チンプンカンプン！　教師の話していることが理解できなかった。あらためて学校から離れていたことを、そこで後れを取ったことを痛感したのだった。

特に算数の時間はまったく意味がわからなかった。教師からは「焦らなくても、ゆっくりやっていけ」と言われて慰められたことを覚えている。また、嫌いだったＰＴＡの介助当番制も高学年になった生徒に対する学校側の配慮から他人介助（同性介助）に変わった。介助者は教育委員会が募った大学生たちがほとんどで、各学年クラスに男女二〜三人、クラス事情によってはそれ以上配置されていた。ＰＴＡのいない生徒たちだけのクラスは、昼休みなどの休憩時間になると水を得た魚のように活き活きとしていた。前の晩テレビで観たアイドル、野球、コント55号やドリフなどのお笑いの話で盛り上がった。将棋やオセロで遊んだり、それまでどんより暗かったクラスの空気がそれを機に賑やかになった。

そして中学部に進学したのであった。

養護学校中学部に入学する

養護学校中学部での日常生活のサイクルは九時から一五時までが学校で、その後が北療育園でのリハビリが続く。それは相変わらずのものだった。学校生活では以前のように登校しないといったことはなくなり、逆に毎日の通学が楽しかった。小学校六年までは父母会による介助だったが、中学に進むと介助員が各学級の専従として何人か配置されるようになったことが大きい。

男子生徒には男性、女子生徒には女性の介助員が付いた。当時としては画期的な同性介助体制だった。なぜなら、その年齢くらいになると体格的に介助することが親では難しくなってくるからだ。それとともに子どもの精神的な面を教員たちが考えてくれたのだと信じたい。精神的な面だけでなく、六年生後半から体にも変化があった。具体的には陰部に陰毛が生えてきて、しめしめとニンヤリ笑った。

マスターベーション

中学生になって年長の部屋に移動したのだが、そこでとても驚いたことがあった。消灯時間に部屋が暗くなってしばらくすると、部屋のほぼ全員がマスターベーションをしはじめたのだった。はじめは皆、布団の中でゴソゴソと始め、やがて突拍子もない声が聞こえてくる。各部屋とナースステーションはマイクとスピーカーで繋がっていて、こちらの音声はあちら側に筒抜けだった。

最初はナースステーションから「聞こえているんだからね。うるさいわよ、静かにしなさい」と忠告のメッセージが入る。しかし突拍子もない声は一向に止まない。はじめて目の当たりにしたとき、私は皆が苦しんでいるんだと思い「皆何やってるの？ 大丈夫？」と、揺さぶったところ逆に殴られて「お前もやってみろ」とエロ本を渡された。その頃の私はまだその意味がわかっていなくて、その日は寝てしまった。

次の日、学校で親しい介助員に昨夜起きた摩訶不思議な出来事を話して何かわからないかと尋ねてみた。すると笑いながらトイレに連れ込まれシコシコとやられてしまった。そして私も突拍子もない声を上げてしまった。終わった後、私はこの世の中になんと素晴らしいことがあるのだと感動したのであった。何もかも透明に見え、スッキリとして身体の緊張も抜けて身体も軽くなった。介助員に「下も抜けたら身体の緊張も抜けたか？」そう言われたことまで覚えている。それは普段服用している薬よりも効果的に思えた。そして施設に帰って看護婦の白衣を見たときには、思わず今まで感じたことのない力が身体に張ってくるのを感じずにはいられなかった。その介助員の注意事項として、「一日何回もやったら、疲れるからあまり何回もやらないほうがいい」と言われた。それでも「これはたまらない」と、まったく自制が利かなかった。

しかし私は手が利かず、何とか股間の所に持っていってちゃんと握ることができれば御の字だ。その後、細かく操作することができない。それどころか上手くいかないと緊張で握り潰しかねなかった。これは何とかしなければならないと思って、三日間程そのことばっかり考え続けた。

私と同様、手が利かない奴は他にも沢山いたので、まず奴らに話を聞いてみることにした。そうしたら、友達にやってもらっているという奴が三人ほどいた。また、本当かどうか定かではないが、たまに女性職員にやってもらっているという奴も出てきた。そんな話を聞くとまたそのことばかり考えてしまう。そしてついに思いついたことは……。

新しい部屋では看護婦の介助のしやすさとスペースを考えて、仲間同士のベッドを二台一組にくっつけて配置してあった。そのベッドは落ちないように左右に柵が設けてあって、しかも二台のベッドをツインベッドのようにしてあるため、内側の柵だけ下げてあった。

その柵と柵の間に差し込んで腰を動かす。そうすることによって職員に見つかることはない……、そう思った。そして、自分で好きなときにマスターベーションを楽しめた。ここで、あの看護婦が白衣のまま顔の上を跨いで歩いていく行為が楽しく思えるようになった。その頃流行っていた流行語のごとく、まさに「鼻血ブー！」という感じだった。

だが残念なことに、その頃、跨いで歩くという行為が看護婦のあいだで問題となって、全国看護協会の会合でも「働きやすい労働服」ということがテーマとなったらしい。従来通りの白衣のワンピースと活動しやすいスラックス（トレパン）、その両方が支給されることになったらしい。婦長からは、笑いながら「あなたたち、歴史を変えたね！」と言われたのを覚えている。そのときは何のことだかわからなかった。よく考えてみると、跨がれていることをいいことに、ワンピースのスカートの中を覗いていたことを気づかれていたのだった。

リハビリの行き詰まり、そして野球チーム「エラーズ」の結成へ

この頃、機能的には座位もとれていたし、寝ている位置から自力で座ることもできた。膝立ちで移動もできた。寝返りも打てた。そしてこの頃やっと自分の車椅子が持てるようになって、足で地面を蹴って移動するということもできるようになった。食事は、上肢が相変わらずまったく使えないため、犬食いを強要されていた。しかし、どんなかたちであれ自力で食べるとお

いしいと感じた。

そんな日進月歩の日々ではあったが、長年続く厳しいリハビリに対し自分なりに行き詰まりみたいなものを感じ始めていた。年長者になると他のリハビリ仲間も同じ悩みを感じ、打ち明けていた。そしてその気分転換として、野球の試合をリハビリ担当の職員たちとやってみた。

投げたり打ったりということはできないので、ゴロ野球だ。要するにリアル野球盤である。ピッチャーは投げることができないのでテニスボールを転がして投球し、バッターはそれを打つ。ファースト、セカンド、サードはできる限り打ち返されたボールを身体に当てるように努力した。ベースに体がついていなければセーフになってしまうから、自分で努力して送球が体に当たるような格好をするというものであった。外野手はなるべく打ち返されたボールを追えるような奴が外野のライト、センター、レフトに着いて、内野の一、二、三塁は身体を大きく動かせない者が守った。私はというと、座れてさらに倒れても起きることができるので、左右に飛んできたボールに飛びついて止められたことからショートを任され、背番号6を付けていた。なんちゃって守備の要であった。

チームの名前は「エラーズ」といった。こういった遊びのなかで、楽しみながらリハビリでの行き詰まりを解消することもあった。必死にバットを振って、そして必死に守備の練習。そういったものがリハビリに良かったのだと思う。ここでも相変わらず身体は傷だらけになったが、今までのリハビリとは違ってとても楽しかった。

「明るい」問題児？

一方、学校ではクラスメイトの半分は入れ替わり、授業科目も英語が増え、算数が数学になり、理科が科学といった呼び方に変わった。新しい科目としては、男子のみ家庭科の代わりに技術が加わった。そして担任も代わった。中学に上がったのだから当たり前といえば当たり前だ。変わらないのは自分だけと思っていたが、しかしその頃よく「明るくなったね」「変わったね」と言われたのを覚えている。この文章を書きながら振り返ってみると、小学時代での保護者たちの当番制介助というものに対し、もの凄いストレスを抱えていたのではないかと思う。その原因の一端が重度障害者である自分にもあることはわかっていてもどうにもならない……。

それはもう、やり切れなかった。

話は戻るが、放課後はクラブに参加したり、悪い連中と隠れてタバコを吸ったりして楽しかったのを覚えている。けれども帰ったら、また例の日常が繰り返されるのかと思うと憂鬱だった。施設の夕食が終わってからもよく学校に潜り込んで遊んでいた。職員寮の風呂を覗きに行ったり、さらには下着を盗みに行ったこともある。当時、生ゴミは回収方式ではなくて地面に埋めていた。夜中いたずらしに行く途中、ゴミ穴に車椅子ごとはまってしまって職員の下着と生ゴミにまみれて一晩中過ごしたことがある。この時ばかりは、明日から強制退院だと言われこっ酷く怒られた。今でも思い出すとゾッとするほどに……。

そんなこんなで相変わらず問題児として扱われていたが、中学時代の担任や介助員は良き話し相手であって理解者でもあった。いたずらをしたときはよく殴られもしたが、自分が施設から逃げ出してくるといつも相談に乗ってくれた。今いる施設と学校という世界の狭さ、それに比べて世の中はもっと広く、ここにはない、感じられない楽しいことも厳しいことも……、いろいろなことが起こるんだという話をしてくれ、「早く一人で生活をしなさい」と励ましてくれた。

そんなことを言ってくれる先生のクラスの一員ということを誇らしく思っていた。そして毎日ミニスカートを履いてきてくれたし……。

あらためて振り返ってみて、本当に良い担任だったと今も思う。

宣　告

この病院に入院する前、外来に通っている頃から私も親も「リハビリを続ければ歩けるようになるから頑張りなさい」と言われ続けてきた。少しでもリハビリでへこたれると「歩けるようになりたくないのか、やる気がないならやめろ」と言われ続けてきた。しかし、ある日突然、担当の理学療法士から「君はもう歩くことは諦めたほうがいい、とりあえず機能が落ちないように機能低下をしないためのリハビリメニューに変える」と宣告されたのだ。これまでの人生のほぼすべてを捧げてきたものをいとも簡単に、しかもなんともあっけなく崩された。そのあまりの出来事に戸惑いとショックで頭の中が真っ白になった。今まであんなに必死に頑張ってきたのは何だったのだろう。

とにかく悲しくて悔しくて……、罵声と暴言を吐きまくった。しかも皆でリハビリに励んでいる最中、仲間がいる前で告げられたのだ。少しは言われる側に配慮をしてほしかった。

このことがきっかけでリハビリにも参加しなくなり、いたずらの度合いも激しくなっていった。それは決して自分だけではなく他の連中、仲間も同様だった。施設側から一三～一四歳で身体の機能についてある程度見切りを付けられ、その後本人のやる気が薄れたところで退院というパターンであった。今から思えば、心理指導員もいたにもかかわらず、感受性が強い年頃の者にそういったやり方をするのはどうかと思う。もう少し人の心を考えてあげることができなかったのか疑問でならない。こういう子どもの心を顧みない施設の問題点が学校側に伝わり、学校と施設は考え方の大きな違いで対立していた。

この頃、私は進路も含め将来のことでいろいろ悩んでいた。自分としてはなんとかここから高校（付属校なので場所は今までと変わらず）に通わせてくれと施設側に頼んだが、「おまえみたいな者はだめだ」と言われ中学卒業後、強制的に退院となった。退院直前の日に仲間と施設の院長室を占拠し、めちゃくちゃに壊したことを覚えている。

結局そのまま進学する方向で決まったが、家から通うということになり、ほとんど学校には行けなくなった。退院後のある日、学校の介助員から「そんなにエネルギーをもてあましているんだったら面白いところに連れてってあげるよ」と言われ、何となくついて行くとそこは府中療育センター闘争の現場だった。その場で支援グループを紹介されたのだが、このときの出会いや出来事が、その後、自らの力で人間関係を切り拓いていくきっかけとなった。

高校進学と同時に退院、家族の元で暮らす

家に戻るということ、それは私にとっては家に閉じこもってしまうことや、解消し切れていない妹との問題など、さまざまな不安を抱えながらの生活が待っているという、憂鬱なものだった。だが、以前のような日々をまた繰り返すのは何としてでも避けたかったので、家族ともうまくやっていこうと努力した。

当然、家族だから言いたい放題言われて多少嫌な思いもあったが、幼い頃からずっと別々に暮らしてきた家族とのあいだで、家族としての関係をこの時期に多少なりとも取り戻したような気がする。特に一〇歳離れた弟とこのとき初めて兄弟らしく過ごせたことは本当に良かった。毎日、仮面ライダーごっこを一緒にやった。私は決まってショッカー役をやらされ、一方的にライダーキックを受け続けたのだが……。それはそれでまぁ、楽しかったなと当時のことを思い出す。

ボランティアとの出会い

引きこもるのも嫌だったので、これまで北療で編み出してきた「地面を蹴って車椅子を移動する」ことで得た機動力を使って、まずは市役所（福祉事務所）に出向き、顔見知りのケース担当者に事情を話してみた。そして、これから暇になるからちょいちょいここに顔を出すと告げると、ここでは何にもできないと言われ、ボランティア事務所に行くことを勧められた。そして事務所の責任者を紹介され、月曜日から金曜日までそこに出向くことにした。そこで自分と同年代の多くのボランティアの人たちを紹介されたが、彼ら彼女らとは何とも言えない距離を感じた。結局そこでは何もなかったし、何も生まれなかったと思う。

たとえば、そのボランティアの人と話をしても一般社会と関わりをもつことが初めての私は、同年代の健常者と何をどう話をすればいいのかわからなかったし、向こうも身構えていたように思う。さらには、自分は障害者ということで健常者から差別されたり、区別されてきた幼い頃の嫌な思い出がやはり引っかかっていたんだろうとも思う。そういったこともあって私のほうからも距離をとっていたのかもしれない。ボランティア事務所に行って、その場で皆と過ごすことは凄く楽しかったけれども、実際は一人ひとりとの付き合いはとても浅いものでしかなかったままで、その結果、友人と呼べるような存在を作るまでには至らなかった。

毎日、家がある（東京都町田市）金森から市役所で紹介されたボランティア事務局がある中町まで、片道約二キロの道のりを通い続けた。そこで半日過ごし、夕方帰ってくるのが習慣になっていた。家から町田街道まで出るのに山道を少し通らなければならなかった。そこを母親が毎回車椅子を押して、その先は「いってらっしゃい、交通事故に気をつけて」と、手を振って見送ってくれた。

前に述べた負の感情も少しあったが、そこのサークルに行けば食事やトイレ、そしてなにかと相手にしてくれた。家に閉じこもっているよりはよっぽどマシだった。最初の頃は片道二時間かけて通っていたが、通い慣れてくると半分の時間で到着することができるようになった。

しかしあの小田急線の陸橋は坂が長く、厳しかった。

いつしかマスコミに「町田街道をバック走法で車椅子をこぐ青年」という記事で取り上げられた。当時、革新市政の町田市（福祉政策に熱心に取り組んでいた）としては市の政策をアピールする存在だったのだろう。市長室にまで招かれ、その記事が新聞に大きく載ったりもした。新聞、ラジオ、テレビ、各局から取材を求められ、そして自分としても悪い気持ちではなかった。物心ついてから初めて周りからチヤホヤもてはやされたのである。施設にいた頃は媚を売る仲間を見てあんな風にはなりたくないと思っていた自分が、いざ自分がチヤホヤされると純粋無垢な障害者を無意識に演じていた。

障害者の解放について考える

しかし一方で私には別の顔があった。それは先に紹介された府中闘争の支援グループのなかにいるときの私の顔である。それは純粋無垢な障害者とは相反していた。

支援グループのメンバーたちは皆年上で私を可愛がってはくれたが、府中闘争に関わることとなると障害者としての生き方、健常者との関係などを厳しく問われた。そこでは「健常者と障害者が共存を目指す」というテーマに対して自己の考え方を作り出すことが求められた。そして自己の考え方を確立させることによって初めて仲間の一員として認められるのである。

たとえば障害に対して負い目をもつことは社会の中でどのような位置に追いやられることから生じるのか、また差別されてきた者から見た社会の差別の構図はどのようなものなのか。障害者は美的感覚が欠けみすぼらしく惨めだと世間ではそんな目で見る者が多いということなど。しかしそういったことに向き合っていくうちに、自分自身のなかにもそういう差別意識が存在することに初めて気づくのであるが、それを自分の口から吐き出すということは並大抵のものではなかった。

一方では障害者だから可愛がってと言いつつ、もう一方では障害者差別とは、障害者として生きることとは、障害者の解放とは、と主張する。そんな矛盾を抱えた存在だった。

府中闘争に参加する

障害者管理のための大規模治療施設、府中療育センター

この頃、障害者の福祉政策は「障害者であるなら誰でも大規模施設に入所してそこで管理される」という流れが当たり前だと思われていた。そんななかで府中療育センターは、一九六八年に開設された重度の身体障害者を対象とした大規模治療施設（定員四〇〇名）で、当時は「東洋一」の設備を誇るとさえ謳われた。

問題の発端は一九七〇年。東京都は、一部の入所者を他の施設（八王子）に移転させることを、当事者の意思に関係なく勝手に決めてしまった。これに対して入所者数名が「有志グループ」を結成して、都に対して事情の説明の要求、強制的な移転反対、そしてセンターの生活環境の改善を訴えた。それを機に以前から関係者のなかでくすぶっていた入所者に対する非人道的な扱いという大きく深い問題が一気に表面化し、やがてさまざまな外部の力を巻き込んで施設解体の闘争へと発展していった。

管理強化とのたたかい

当時の府中療育センターは、障害者に対して管理強化にやっきになっていた。ドアの内外に鍵をかけ、フロアの行き来を自由にさせない。間仕切りのない大部屋でプライバシーはゼロ。面会は月に一回しかなく親族のみ。トイレの時間も決まっていて自由に排泄できない。食事の時間が来ればとにかく口に入れられ、それを拒否すれば点滴。入所するには死亡後の解剖承諾書にサインすることが前提の条件とされていた。さらに利用者のなかには、余計な物と言われ睾丸を抜かれるとか、後始末が面倒とされて子宮を摘出された者もいた。

「有志グループ」は、こうした施設のあり方に反対の声を上げた。医師や職員たちから嫌がらせを受けながらも、ハンガーストライキに突入し、都庁舎のロビーにテントを立てて一年九か月も座り込んだり、壮絶な反対運動を繰り広げた。

「有志グループ」はセンターの環境改善を求めて、四二項目の要求事項を東京都に提示した。ここでその数項目を紹介しよう。

①外出・外泊の制限をなくすこと、②面会の制限をなくすこと、③一日の生活を私たちで決めたい、④入浴の際は同性介助を、⑤入浴時間の変更と週二回の洗髪を、⑥トイレの時間制

限をなくすこと、⑦私物の持ち込みの自由化、⑧夜、寝間着に着替えること、また、私服の着用を認めること、⑨全館往来を自由にすること（以下略）

現在の感覚からすれば、こんな当たり前のことさえ認められていなかったのか、と驚くような内容だ。

毎日のようにビラをまき、庁舎の周りでデモを行い、団体交渉を繰り返した。また、交渉してもらちがあかないときは課長部長級を部屋に閉じこめ、胸元を摑んで追及したこともあった。衛視や機動隊と小競り合いになることも多々あり、その際、私はいつも一番前にいながら、気がつくと一番最初に逃げ出していた。仲間からは、一番逃げるのがうまいと言われていた。

そして、私はいつしか障害者という社会的な負い目と自分の身体に対してただ屈するのではなく、真っ向から向き合えるようになっていった。

養護学校を卒業する

家族の元での暮らしがはじまる

養護学校は施設の付属だったため、高等部にはそれほど苦労せず進めた。しかし、施設からの退院を余儀なくされ、家から学校までが遠距離でもあったため、学校に通うこともままならない。そんな状態で、出席した日数分だけ単位を貰って卒業することを余儀なくされた。家でこのまま生活をするか、それとも成人の施設へ入所するかの分岐点だった。

私としては、当たり前のように施設へ入所するのではなく、このまま家族と暮らすか、あるいはアパートでも借りて今まで関わってきたボランティアのメンバーに介助を頼み、地域で暮らしたかった。しかし、その頃私はまだ十代だったし、ボランティアも同じく十代が大半だったため、障害者の一人暮らし（自立生活）を支えていくほどの力はなかった。

ひとまず一人暮らしは諦め、そのまま家族の元で一年ほど暮らした。

施設での暮らしとは違って、ドリフを最後まで観ることができるようになった。歌謡番組もゆっくり観ることができた。自分の持ち物や金銭がなくなる（盗まれる）ということがなかった。食事はおかずと白飯が分かれていた。風呂は母の努力で二〜三日に一回は入れた。満足とは言えないが、自分の力で車椅子を移動させて外に出かけることができた。以前とは違って家族ともそこそこうまくやっていくこともできた。

施設の生活を振り返る

しかし、ふとした時にあの北療職員の殺気立った怒鳴り声や、リハビリの時の仲間の悲痛な声、不潔な廊下、傷だらけの身体……、それらが頭をよぎるのだ。そして同時に、今の生活に何となく違和感を覚えている自分の心にも気づいてしまう。もしかしたら、毎日が芋洗いのような生活のほうが性に合っているのではないかと錯覚みたいなものを感じていた。あんなにも嫌で嫌で仕方なかった施設での生活なのに、いつしかそれを求めている心……、こんなことを感じてしまう自分に対して、わけがわからず、そのことを考えるたびにストレスを感じていた。

今にして思えば、当時は慣れない一般社会に溶け込もうと必死に別の自分を演じていたのかもしれない。そのことに疲れ果てていたのかもしれない。それまでは施設という特殊な環境のなかで育ち、築き上げられた自分であって、本来の自分がそのままの自分でいられ、心から落ち着ける場所がなかった……、ということだったのかもしれない。

施設の扉を自らたたく

一般社会で暮らし始めてから数年間、ずっと感じ続けていた違和感をどうしても払拭できず、ついに福祉事務所に自ら出向いて施設入所を希望した。自分が何をやっているのかわからなくなったが、親からもいずれはまた施設に入れと言われていたし、また無理矢理施設に入れられるくらいなら自分の意志で決めたほうが納得できたということもある。

そして今でもしっかりと脳裏に焼き付いているのは入所する前の日のことだ。あの席を同じくする筈だった幼馴染みの子の家の前に行き、施設に入ることを直接伝えて「今まで優しくしてくれてありがとう」と言葉を交わしたこと。この人と会えるのもこれが最後なんだろうなと思うと悲しいなんてものじゃなかった。

次の日、清瀬療護園に入所したのだった。

第3章

成人施設へ、そして障害者運動から学ぶ

成人施設に入所する

新設施設、清瀬療護園での暮らしがはじまる

成人の施設、清瀬療護園に入所した。その施設は新設されたばかりで、東京都が建物を建てて民間の社会福祉法人が運営をするというかたちをとっていた。府中闘争の問題を踏まえ、建設協議会を発足させて話し合いながら作ってきた施設でもあった。そのチームのメンバーとして携わっていたのは、救護施設くるめ園利用者の自治会、くるめ園職員組合、都職労、社会福祉法人まりも会、府中闘争支援グループの五つの組織だった。この五つの組織が集まって、入所者がそこで人間らしい生活を送るための施設運営ができる体制づくりが話されてきた。

私も高校卒業前から障害者支援施設町田荘や救護施設くるめ園などの障害者施設へ見学に行ったり、府中闘争にも関わっていたりしたため、新しくできる施設（清瀬療護園）の話を建設協議会のメンバーから聞いて知っていた。そして建物が完成し、私も見学に行ってみた。ダウンライトが光り輝き、その光を反射するほど綺麗な床に衝撃を受けた。今まで私が暮らしてき

た狭くて暗くて汚い施設とは違って、広々として施設内も明るく、設備も近代的だった。

まさか自分がこの施設に入れるとは思っていなかったので、入所することが決まったときは、何か運命的なものを感じた。これからは内側から関わり、いろいろな問題を抱えつつもそれらを変えていかなければならないと思うと身が引き締まる思いだった。

人手不足による入所者制限

しかし入所したとき、ほぼ新人しかいないことにまず肩透かしを食らった。施設職員の傲慢でわがままで自分たちのことしか考えないという、私が今まで抱いていたイメージと違い、若く経験もなかったこともあって、始めはみんな優しかった。とてもいい時期だったなという記憶がある。他の施設からの移籍者は一割程度しかいなくて、東北福祉大学の新卒の集団就職者に加え、一般募集による者や元自衛官、新左翼系の活動家、政党の党員、宗教団体の信徒などで占められ施設のなかは職員で溢れていた。が、入所者が三〇人、四〇人と増えるにしたがって、あんなに沢山いた新人職員が減っていくように感じられた。人数が減ったというわけではなく、職員のシフトが確立されていくことで現場にいるのは数名ほどという状態になっていったのだ。やがてナースコールをしてもすぐには職員が来られない状況になってしまった。

「ここでも人手が足らないのか！」と、施設での入所者数に対する人手不足という問題の根の深さをあらためて認識したのだった。

清瀬療護園は入所者定員数一〇〇名という大規模施設で、その定員に向けて段階を経て入所者数を増やしていくという計画であった。だが、先に述べたような問題から入所者側の自治会では隔離収容ではなく、真の生活の場としては（その時点での入所者数の）六〇名が限界であるという結論に至り、これ以上の入所は絶対反対を表明し、東京都と交渉を始めたのであった。都は慎重に自治会と粘り強く交渉を重ねていきたいとの対応姿整を見せ、いったんその場は収まった。

そして、こういった問題を抱えながら、東京都はその後も第二、第三と新しい施設を建てていくのである。

成人式を迎える

二〇歳と七か月で成人式を迎えた。しかしその頃はタバコを吸うことも酒を飲むことも当たり前になっていたので、いざ二〇歳になったからといって大人になった実感はなかった。だが清瀬市の「成人の集い」にはスーツを着て参加し、記念品として現代実用辞典をもらって帰った。そして飲み会で意識がなくなるほど飲んだ。

施設自治会、そして運動への参加

二十代最初の頃を思い出すと、施設で自治会の役員を務めたことが強く印象に残っている。この頃、府中闘争も含めさまざまな市民運動や障害者運動に参加していて、いつもなんらかの集会に参加していた。集会では今にでも何かが変わりそうな予感を肌で感じながらも、施設に帰ってくるとまったく何も変わっていない。まるで時間が止まっているような錯覚に陥った。そしてため息をついた。

自治会で最初は連絡担当と書記をやった。役割としては会員全員に決めごとや連絡を通達し、ノートに記録をするという役割だった。つぎに会計。そして総書記局長を務めた。二年ごとの交代であったが、今考えるといい勉強になった。役員として最も思い出に残っているのは、総書記局長として会長、副会長の下で働いていたときのことだ。その内容は利用者と職員のトラブルなどを追跡調査して解決するというものだった。

自治会の存在とは、自分たちの施設生活をより良いものに作りあげていくこと。それが目的であって、また自分たちをただしていくものとして作り出されたものであった。それは今でも変わらないと思う。

「園生」か「利用者」か

当時は施設利用者のことを「園生さん」と呼んでいた。園生と呼ぶのは問題ではないかという意見もあったが、くるめ園からの移籍組から「そういう風に呼んでいるから、それでいいのではないか」という声もあり、そう呼ぶようになった。

「利用者」さん、と呼ぶようになったのは私がいなくなって随分たってからのことのように思う。ではなぜ「園生」さん、と呼ぶことが問題なのか？　私がいた当時も「園生」か「利用者」か、どちらで呼ぶべきかという論議がなされていた。施設のなかで生活している側から言うと「利用者」と呼んでもらいたいと思っていた。それは、「園生」と言うと刑務所の受刑者も同じ呼び方をされていることから、我々も罪人扱いなのか？　ということだった。

しかし、またもうひとつの考え方としては、呼び方の問題ではなく、接する側の意識改革がされたうえで呼び方を変えなければ何の問題解決にもならないし、逆に問題を濁すものだという反論だ。そんな議論のなかで、いつの間にか曖昧になっていったような記憶がある。当時は「利用者さん！」と呼ぶと照れたり茶化されたりしていた。だから当時は「園生」自治会と呼ばれていたし、自分たちも「園生」と名乗っていた。

いま普通に「利用者」さんと呼ばれているのを聞くと、清瀬も時代も変わったなと実感する。まぁ〜、あの当時を知っている数少ない生き証人から言うと、自分たちがやり遂げられなかった問題を解決してくれて「ありがとう」と言いたい。しかし、まだ接する側の意識改革というところまではいたらず、これを解決することは困難であって、自分の一生の課題であることには変わらない。

虐待問題

そして、もうひとつの面倒で困難な問題として頭を悩ませていたのは虐待問題であった。単に虐待問題と言っても実際のところ、やった側とやられた側の双方から話を聞くと互いに認識が違っていて、問題を解決しようにも一筋縄ではいかなかった。

たとえば……。

食事の時間になり、Aという職員がBという利用者に「食事の時間だから一人で食堂に行ってください」と伝える際、「体の運動のため」と、肩をポンと叩く。励ます意味を込めて叩いたつもりが虐待と取られてしまう。世間一般ではなかなか起こりえない問題だと思う。

しかしこのような利用者と職員とのあいだのトラブルは、限られた人間関係のみで構築された施設という閉鎖的空間では日常と化していた。

しかも、利用者の居室やトイレなど、第三者の目が届かないところで発生している事件が多く、被害者から自治会に届けがあって追跡調査をしても、証拠や証人が見つからず問題として扱うことはなかなか難しかった。

私も総書記局長時代、そういった事情を被害者、加害者から聞き歩き解決へ向け奔走したのだが、いつの間にか曖昧になってしまうのであった。そして自分にもそのような経験がなかったわけではない。

私が以前入所していた施設「北療」でも同じような出来事は数えきれないほどあった。それは施設という狭い人間関係のなかで起こりうる、いかんともし難いものであった。なぜなら、職員は仕事ゆえ、相手が誰であろうと介助をおこなわなければならない。そして障害者である

「園生」は、どんなにトラブルを抱えた嫌な相手であろうとも、その場にいればやってもらわなければ仕方のない状況が付きまとうのである。それもまた、いかんともし難いものであった。そんなやり切れないことばかりだった。当時を振り返れば、さまざまな問題を解決しないまま出てきてしまったことを今さらながら申し訳なく思う。

交換留学

ある日、施設間の交換留学をしてみないかと言われた。他の施設に行ってみて、ここと比べて気づけることがあるかもしれない。というわけで行ってみることにした。期間は一週間、場所は長野県だった。

乗り心地が最悪なハイエースで六～七時間揺られて、あれは本当にキツかった。一番しんどかったのは、当時私はいぼ痔だったため、車の振動でそれが切れて血が噴き出してしまったことだ。

そして、留学先の施設での生活はさらに酷かった。毎朝六時に起床させられ、朝食を食べた後、利用者全員が掃除をさせられるのだが、私は手はもちろん、足も自由が利くわけではない。では一体どうすれば？　ということに対して、信じがたい答えが返ってきたのだ。ガチャピン・ムックのムックの着ぐるみのような、全身モップの作業着を着せられ、そこに水をかけられ……、つまり人間モップにさせられたのだ。これはあまりにも酷いと思って、そこの職員と喧嘩になった。

清瀬は障害者の生活の場だと言い、障害者のため、そして福祉のためと綺麗事を言いながらも、利用者の定員数の問題で生活施設をただの収容施設にしてしまおうとしている。それも大きな問題なのだが、この長野で体験したことは次元が違っていた。施設によって価値観や考え方の違いは大きいと、あらためて思った。

清瀬療護園での日々

ここ清瀬療護園の職員は政治党派の関係者が多かった。特に共産党系の職員が多く、七〜八割を占めていた。その他は体育会系、自衛隊系、新左翼という感じだった。そして施設の敷地内には単身寮と世帯療があった。夕方頃になるとどこからともなく、飲み会があちらこちらで始まり、特に私の部屋では毎日のようにおこなわれていた。酒の肴として、互いの党派の悪口であったり、職員同士お互いの仕事ぶりをけなし合あったり……。徐々にヒートアップしてしまうことも、もちろんある。

翌日の「朝の連絡会」では全身傷だらけの職員が出勤し、「いい加減にしろバカヤロー！」と施設長に叱られていた。なかには欠勤する者もいた。そして私も、後を追うようにバカをしていたのであった。決して酒は嫌いじゃない私はその頃、酔って気分が高揚すると想いを寄せていた女性職員の部屋を訪ねるべく、単身寮の四階を目指して階段をよじ登るのであった。手足が利かない私がどうやって登ったのか説明すると、四つん這いになり肘と膝を使って、ついでに顎も使って右→左→顎の順で傷だらけになりながら（その時、前歯を折ってしまった）、這いつくばって登っていく。そしてやっとの思いで四階まで上がって彼女の部屋のドアを足で叩いた（ノックした）のだった。そんなことを何度か挑戦したが結局、一度もドアを開けてはくれなかった。そして通路や階段で職員と遭遇するたびに、彼らは笑いながら「迷惑野郎」と罵声を浴びせ横を通っていった。

三十数年前……、いやもっと前の出来事を今まで何回話してきたか、何回書いてきたか？もう、数えきれないほどだ。障害者自立生活の講演会であったり、飲み会の場であったり、また、障害者の片思い物語として文章に書いて掲載したこともあった。いずれにしても、おバカな障害者男の泣き笑いドキュメンタリーとして語ってきた。まだまだ、ここで起こったエピソードにまつわる話は尽きない。やはり、清瀬に入所したことはさまざまな面で刺激的で、自分というものを形成する意味で良かったのではないかと思う。

影響を受けた人たち

自治会の先輩たちからは対人関係のイロハを教えてもらった。それは人と向き合うところから始まる。その一人、くるめ園の園生自治会の出身で、清瀬療護園の開所にあたって施設の内容や設備、もちろん利用者の生活内容に至るまで東京都と交渉した建設協議会の一員である先輩の彼は、言葉を発することができなかった。その彼と会話するとき、彼は自分の膝の上で文字を人差し指で書く。こちらはそれをじっくり見て彼が何の文字を書いたのかを一文字ずつ読み取っていく。五十音のなかで表現し、作文を創っていく。誰でもできそうなことだが、根気のいる作業だ。彼を前にすると、話を聞いてほしい！　話を聞け！　という気持ちを強く感じた。だから、彼の前では皆がちゃんと話を聞いていた。本人が相手に理解してもらいたいという強い気持ちでいないと続くものではない。相手もまた、そのことを理解し、会話をしようとする気持ちがなければ成り立たない。そういう会話のしかたをしていた。そのような会話のしかたは、目の前にいる相手に全神経を集中し続けなければならない。そうでなければ会話が成り立たなかったのである。

会話をするのにお互い大変だったが、彼は物事をよく知っていたので良き相談相手になってくれた。彼の言うことに対して納得もできたし、理解もできた。しかし、議論や喧嘩をしようとすると、なかなかそうはならなかった。なぜならば文字を追いながら会話をしているうちに気持ちの高ぶりが落ち着いてしまい、普通の会話にしかならなくなってきてしまうからだ。そして、別れてから思い返して怒りが沸き上がってくる。そのようなところから「ずるい！」と言われることもあった。

障害者の私は、それまで自分のペースに周りが合わせてくれる……ということしか経験してこなかったが、このとき初めて誰かのペースに自分が合わせるということをしたのだ。意外かもしれないが、このとき私はとても嬉しかった。自分にもやれることがあるのだと実感できたし、何より会話を重ねるたびに彼の人としての魅力に惹かれていったのである。人を好きになるとはこういうところから始まるものなのだと実感したのであった。その彼は今、天国にいるのかな？　彼はお金は持っていたがドケチで、頑固で職員の言うことは聞かない。さらに、大酒飲みの宵っ張りで、夜勤者泣かせでもあった。また、この世にいた頃は皆から親しまれ「モンチッチ」とか「地獄の○○」とか、「魔界の人」とも呼ばれていて、これすべて愛称（笑）。知れば知るほど味が出るスルメのような人だった。女性にも人気があった。良く書きすぎたかな……。

清瀬の成人施設での一日の過ごし方は、一〇時頃に起床して居室でテレビを観て、一二時に昼食をとり、午後からもテレビを観るか施設内をぶらぶらして暇をもてあます。そんな日々だった。周りから何かしろという声もあったし、自分でも何かしなければいけないという気持ちはあったものの、何もする気が起きなかった。自治会の仕事があったとしても毎日流れ作業的におこなう仕事でもないし、自ら好んですることといえば寝ること、食べること、そして糞を垂れること……。

ここの施設で出会った人たちは、皆個性的で面白く、それでいて、真面目な面も備えている人たちだった。今も清瀬に行けばどこで何をしているか、わかる人もいるし、わからない人もいる。残念ながら亡くなられた人も少なくない。

良し悪しは別として、私の人生に影響を与えてくれた人たちだったし、今後、生きていくなかでも忘れられない人たちだと思う。

障害者運動と学生運動

こうして振り返って思うと、障害者運動は六〇年代から七〇年代にかけて世間を賑わせた学生運動に乗っかって発展してきた気がする。障害者運動の代表的なものとして、まず七〇年に始まった神奈川を中心とする「青い芝の会」による運動がある。これは障害児殺しの母の減刑嘆願を批判するものだった。また、府中療育センターの移転反対と待遇改善を求め都庁前にテントを張り、一年あまりにわたった座り込み闘争、そして、川崎駅のバス籠城事件など、健常者社会に対して昂然と挑み続けてきた。

それら障害者運動の後押しをしたのは若き学生たちであった。さらに福祉施設では東京くるめ園がまだ措置施設（障害のあるなしにとどまらない、生活困窮者の利用施設）だった頃、重度障害者を入所させるにあたって、その若き学生たちを非常勤職員として採用した。そして世の中の変革に挑んできたのである。

彼らの集会や大学に行くと、とてもフレンドリーに接してくれた。そこでは普段ボランティアをやっているボランティアサークルの関係者とは違うものを感じた。それは一緒に何かをやっている、同じ課題を成し遂げようという気持ちに共感するようなものであった。私は府中闘争などの障害者運動に関わっていたため、集会などで人の集まりが足りないとき「明日の集会に一〇名集めろ！」と要請が掛かれば電話に噛り付いて一生懸命動員をかけたことも懐かしい。一見賑やかで楽しそうに書いたが実際のところ、考え方の違いなどで、やりにくいところも沢山あった。

越えるに越えられない障害

障害者としてこの世に生を受け、社会で生きていくうえで、「ことなかれ主義」、当たり障りない世の中で、物事に対する不平不満を他人の責任にして暮らしていく人生……、しかし、そんなことはできゃしない。そして府中闘争をきっかけにいつしかどっぷりと障害者運動のなかに浸かっていった。

そんな自分がいることに気づいた頃は、この身体で生まれ、普通とは違う社会のなかで生きていかなければいけない運命に対してどれほど悲しかったか。だけど仲間たちの優しさに触れ、この人たちと一生付き合っていきたいと思ったからここまで来ることができた。

しかし、そんなことを思った自分が甘かった……と、感じてしまうような出来事もいくつかあった。仲間の園生たちは皆、自分のことしか考えない。職員は良い人たちだが、入所者と自分たちとは違うということを言ってくる。だけどそれらはすべて、仕方のないことなんだと思う。自分のことが成り立たなければ他者を思いやることはなかなか難しい。

施設職員と障害当事者

先に書いた入所再開反対交渉において「清瀬療護園第二組合」で活動していた職員たちは自治会と共に反対を謳ってくれた。その理由として、組合の立場としては利用者が増えることによって過重労働になってしまうこと。また、これ以上増員すると個々の入所者に割ける時間が減り、入所者に対して人権を尊重した介助ができないこと。さらには施設設備が不十分だということを盾に反対を訴えていた。そういった理由から行政交渉を一緒におこなったことがあった。

しかし、その他の問題に対しては、たとえ親しい職員であっても「自治会は自分たちの諸問題に対して、自分たちで解決しなければならない。だから、自治会とは仲良くできない」と、突き放された。その時はどんな意図があるかもわからず、ただ冷たいなぁと思った。しかし、その時の彼ら職員たちと我々障害者とのあいだには圧倒的な社会経験の差があって、知らず知らずのうちに我々は彼らに社会一般的には甘えるべきでない部分でも甘え〝やってもらう側〟と〝やってあげる側〟という構図を自ら作り上げていた。そしてそれがいつの間にか職員が上で園生が下という上下関係に発展していった。それを危惧していた彼ら職員たちは我々を少しでも自立へと導くためにあえて突き放したのだと、今ならその気持ちがわかるのだが、その時の私たちは知る由もなく、「冷てぇ奴らだな、何だよ」と捨て台詞を吐き、「どうせ俺たちは障害者だからぁ……」と何でも障害のせいにしていた。社会人としてわきまえなければならないさまざまな常識はやはりこういった施設に居続けている限り、培っていくのはなかなか困難なのだろうと思う。

越えられない一線

いろいろあったなかで今思い返しても悲しかったのは、利用者と職員とのあいだにある一線。すなわち障害者と健常者とのあいだにある、こちら側からはどうしても越えることができない一線だ。具体的にそれを感じる瞬間といえば、仕事上当たり前とはいえ、職員はこちらの生活に入ってきて、そのなかで時に酒を酌み交わすほどに打ち解けたりもするのだが、それはあくまでもこちら側の生活スペース内での話であって、職員は仕事から離れれば向こう側で生活を送り、そこに我々障害者が立ち入ることは許されない。

前にも話したが敷地内には職員寮があって、そこにある単身寮では独身の職員たちが酒を飲んではセックスに明け暮れ、また、世帯寮では家庭をつくり生活を営む同世代の職員たちがいる。それを見ると何とも言えない気持ちになった。それは私が願っても叶わない生活だったからだ。生きている世界が違うことを突き付けられたのであった。こちら側の世界で仲良くなればなるほど、嬉しい反面、悲しさが募っていった。

園生と職員、自治会と組合、それぞれ立場も違うし、生きる世界も違う。

普段からやっている、共に闘う集会とか座り込みとはなんなのだろうか？ 障害者と健常者で一緒に何かできることはないのか！ そんなことを叫びながら酒を浴びるほど呑んで暴れたこともあった。

そんなジレンマを抱えストレスが日に日に募っていき、それと同時に酒とタバコも増え、気がついたらレギュラーのウイスキー瓶を二日で空け、タバコは一日三箱も吸うようになっていた。当時のセブンスターは一二〇円くらい、ハイライトは一〇〇円位という値段だった。今の値段で当時のペースでタバコを吸うと安いアパートの家賃位になってしまう……。

狭い部屋での三人暮らし

私には、居室が与えられ、最初の三か月間ぐらいは一人で使っていた。後に二人増え、三人でひとつの部屋を使うことになった。

部屋の広さは一二畳。トイレと洗面所も合わせると二〇畳くらいで、一人分のスペースは三等分で六・六畳くらいになる。この広さを東京都は四人部屋として考えていたらしい。自治会をやっていた者同士で「ここを四人で使えと言うのか！ 一人あたり五畳しかない所で一緒に使えと言うのか。とんでもない奴らだ」と当時、話していたことを思い出す。三人でも息が詰まるほどであった。私が最初に部屋に入ったので牢名主の権力をもって仕切っていた。同室となった二人の年齢は二二歳と一九歳だ。一九歳のほうは今でいえばサプライズ。小学校の同級生で同じクラスの、あの幼馴染みのK氏だったのだ！　その時の驚きは今でも脳裏に焼き付いている。まさかこんなところで再会できるなんて……、でも会えて本当に良かった。そう思った喜びも束の間、狭い部屋の陣地を巡って争うようになっていったのである。三人で暮らすにはあの部屋は狭すぎた。必ず彼ら二人は日中、施設内の違うところにいたり、外出や外泊をしていた。

『お月様、お日様、雷様の旅立ち』という昔話があって、最初は三人で旅に出るのだが、雷様は行く先々でやりたい放題。いつもお月様とお日様に迷惑を掛けていた。やがて二人は何も告げずに雷様の元から去っていく。そしてそれから雷様は独りで旅をするのであった。誰かと生活を共にするとき、他者への気遣いや思いやりをもてないと最後は自分が寂しい思いをすることになってしまうという話だ。まさにこのときの私が雷様のようであった。

お茶の訪問販売

やはり、私とK氏は張り合っていたことを思い出す。ひとつの話として、二一〜二二歳の頃、施設の近所に障害者の作業所があった。K氏は、そこで販売していたお茶を近隣へ訪問販売し始め、それなりの小遣いを稼いでいた。それを知った私は「俺もやる！」と勝手に彼の真似をしてお茶の訪問販売を始めたのだった。その当時は何も考えていなかったが、多少知恵がついた今考えると、私は相当嫌な奴だったな……（苦笑）と、申し訳ない気持ちになる。

車椅子にお茶が入った袋をぶら下げて、彼は電動、私は人力で住宅地や施設などに売り歩いた。彼も私も日一杯、大きい袋を車椅子に付けられるだけ付けた。お茶は数種類あって、いずれも一袋一〇〇グラムある。それを三〇～四〇位車椅子にぶら下げて売りに出る。彼とどっちが沢山売るか張り合った。値段も一袋二〇〇円から上は二〇〇〇円を超えるものまであった。荷物を一杯ぶら下げた車椅子はヤクルトレディが毎朝配達して回っているのと同じ姿のように思えた。それで、二人で部屋に戻ってくると何本売ったか、いくら売れたか、そんなところを競っていた。お茶というのは一袋買えば、使用頻度によって異なるが、大体一か月くらいは持つもの。買ってくれる人がある程度尽きてしまうと新しい客を見つけるのに結構苦労する。お茶というのは嗜好品であって、それぞれ好みも異なってくるので簡単ではなかった。夏になると二人とも真っ黒くなって売り歩いた。

絶えない喧嘩

三人同じ居室にいると喧嘩が絶えなかった。喧嘩の内容は部屋の使い方などであったが、私がわがままだったことが一番大きな原因だったので、必ず二対一で攻撃を受けていた。その役割として、一人が挑発して一人が武器で攻撃する。だから、一人のほうに気を入れていると、もう一人に武器で攻撃される。思い起こしてみると、K氏はいつも武器商人、挑発をするのはO氏だった。O氏の挑発に乗っていくと抑え込まれて、K氏に武器で攻撃された。また、時にはK氏と私が共同戦線を組んで、O氏のズボンを捲り下げ、尻の穴に単1のデカい乾電池をハンマーで叩き込みO氏の尻の穴を血だらけにしてしまう事件もあった。職員がいるのにこんな事件が発生したことを絶対園長には話さないように、あと、絶対に外にも漏らすなと口止めされた。しかし、その事件の噂は園生のなかでたちまち広まり、（私たちが暮らす）一〇六号室には皆、半年ほど近付こうとしなかった……（笑）。

今考えれば、仲が良いのか悪いのか、微笑ましいのか？　そんな二人も今は亡き人となってしまった。

結局のところ三人とも清瀬を出て生活していくこととなった。

「施設から出てなぜ自立をしたいのか？」

この社会のなかで障害者として生まれてきて、そのなかで健常者みたいに普通の生活ができないため、やむなく施設という特異な世界で生きてきた。だからこそ、一人前、普通、常識、当たり前、といった社会に憧れ、そこでやっていけるか試してみたい。そうした挑戦心からなのだと思う。私自身、その思いから今日に至っている。

K氏の自立生活

K氏は私より自立心が旺盛であったので、私より二〜三年ほど早く清瀬を出て自立生活を始めた。彼は親から酷い扱いを受け、自分で生活する気構えを強くもっていた人だから、それは当然だったと思う。そんなK氏が清瀬を出て行ったのは、もちろん施設が嫌だからなのだが、私との喧嘩が発端となった。

三人の居室をいつも私が八割方勝手に使っていることに腹を立てたK氏が勝負を挑んできたのだ。それはラーメンをどっちが多く食べるか勝負をして負けたほうが一〇六号室を去るというものだった。そして施設の会議室に大量のラーメンを出前してもらい、代金は負けたほうが全額支払う！　いざ、勝負！　一杯目、二杯目まではスープも最後の一滴まで美味しく飲めた。勝負のルールとしてスープまで飲み干すことが原則だった。

三杯目になるといよいよ胃袋の中にラーメンが満ち溢れてきた。四杯目に差し掛かってくると息切れと動悸と目眩がしてきて、食うことがこんなに辛く厳しいものかと思った。

やがて鳥肌が立って、寒気もしてきた。

結局彼のほうは三杯とちょっとのところで会議室の床に敷いてあるカーペットの上に吐いて

しまい、私は四杯を平らげ、そのうえ精一杯強がって食パン一枚を口に放り込んだ。ちなみに、敷き詰めてあったカーペットは、ラーメンの臭いと胃液でしばらく臭みがとれなかった。

そして、彼は清瀬を去っていった……。

私は、彼が清瀬から退所するということを本気で実行することはないだろうと高を括っていた。しかし三か月後、それが現実のこととなってしまった。清瀬の職員もその行動に驚き、出ていかないようにと説得をしたが彼は断固として応じなかったのである。私も謝ったが、聞き入れてはくれなかった。頑固で、真面目で、あまり冗談を受け付けないところがあったから……、こんな退所の仕方をさせてしまったことを反省した。

彼が清瀬を出る際の段取りは、以前に職員から紹介されて付き合っていた政治党派団体の力を借りて介助者の体制を作り、それからアパートを探してそこに移り住むというものであった。そして彼はそのとおり実行したのだ。

ここまでは良かったねと思うだろうが、そこからが面倒臭い。

政治党派団体の力を借りる？

政治党派と関わるということは、ボランティア組織とは違って無償で何かをしてもらうのではなく、自分の何かを代償に生活介助をやってもらうというかたちになる。たとえば、昼間の時間に食事やトイレをしたい場合は自分も党派の事務所に一緒に詰めている必要があるとか、抗議行動を一緒にやるとか。このように党派の活動に縛られ自分の生活スタイルを維持するのが難しい。また、代償の最たるものとしては、障害者ゆえに弱者のシンボルとして党派の広告塔にされるということである。そんな日々のなか、自分の生活の目的が他の人たちに歪められてしまい、いつの間にか自分を見失ってしまう危険性が十分にある。

〝（彼が嫌ってきた）創価学会と同じように引き回しにされボロボロになってはいけない。〝同じ道を歩んではいけない〟と、私は言いたかった。

それでも今とは違いこの時代、施設を出て生活をするには何かしら後ろから支援してくれる者が必要だったことは違いない。

廊下族？

そして一〇六号室はO氏と二人で使うことになったが、彼は昼間はまったくといっていいほど部屋にはいなかった。

彼が日頃どこに身を寄せていたか。思い出せば、食堂の付近に七〜八人でたむろしていた。彼らは皆から廊下族と呼ばれていた。自分の部屋はあるのだが、畳の上で寝転がっているか座っているだけで一人では何もできない。だからといって職員を独り占めにはできない。そして部屋にいても寂しい。そういうところから廊下でたむろすることで通りすがりの者に相手をしてもらったり、声を掛けられたり、また食堂の付近にいれば食事の時間帯に職員が居室から食堂まで移動させなくても済むため一石二鳥にも三鳥にもなる。そんなところから廊下族と呼ばれていたのである。壁掛けの大きな将棋盤や碁盤やオセロ盤などが廊下にあって、廊下族はそれでよく遊んでいた。あと廊下にはテレビもあって、そこで夜になると酒を飲みながら皆で野球を観るという醍醐味もあった。しかし廊下という場所は冷暖房も効かないし、間仕切りが無く落ち着かないので私はあまり好きではなかった。

片想い

この時、年齢は二二〜二三歳頃。すでに書いたとおり、想いを寄せていた人がいた。でもそれはこっちの片思いで、彼女は少しでも時間があると自治会の先輩であるI氏の居室に遊びに行っていた。I氏はくるめ園から清瀬へ集団移籍したレジェンドの一人で、いろいろ可愛がってもらった。ヤキモチを焼いて部屋へ駈け込んでいくと彼女と二人で「きたなっ〜！」と笑っていた。

I氏はその時、三三〜三六歳だったと思う。彼は筋ジストロフィーという障害をもっていた。小児時に発症すると当時の医療では二〇歳前後の命とされていたので、おそらくI氏は成長してから発症したのではないかと思う。

羨むような仲の良さに私は意識が遠のき、頭に血が上りすぎて血管が浮き出まくるほどだ。それはもう気が狂いそうになった。その姿を見て彼女は関西なまりで「ぼんぼん（ガキ）」と顔をしかめていた。彼女は勤務外でも先輩の部屋で時間を過ごしていたし、私もよく遊びに行っていた。彼女のことで張り合おうとしても笑われて、そんなこんなのお決まりのパターンでからかわれて終わるのだった。

そんなある日、I氏は風邪を引いて寝込んでいたのだが、痰が喉に詰まり容体が急変した。これまでも体調が悪いと痰を詰まらせていたが、この時バケツに一杯になったI氏の痰を見てしまった。これほどの吸引は想像を絶する苦しみだっただろう。そして一週間も経たないうちに看病の甲斐なく、彼は帰らぬ人となってしまった。

実はこの頃、利用者が相次いで亡くなった時期でもあったので、皆お通夜では口に出さないが「この次は……誰の番？」と、互いに顔を見合わせてしまうのであった。

人生初めて結婚について考えた

想いを寄せていた彼女はＩ氏が亡くなったことが当然寂しかったと思う。それは、彼氏というよりは兄貴とか親友という感じ。私の都合というか希望というか、その時はそう見えた……。そんな彼女に対して慰めの言葉ひとつも出なかったし、私もショックで悲しかった。そして溜まり場となっていた部屋がなくなったことで彼女とまったく話さなくなってしまった。ヤキモチを焼いて飛び込んでいく部屋もなくなってしまった。そうでなくても彼女は二階の職員で、私は一階の利用者であった。

女子職員に憧れる

その頃、園長が職員たちを競わせるために、一階を一班、二階を二班としてそれぞれ運営法を少し変えていた。Ｉ氏は二階に住んでいた。だから、会うきっかけがなくなってしまった。そして、彼女との距離もなかなか縮められない私は、女子職員に憧れる惨めな施設障害者……。

そんな状態のまま一〜二年が過ぎていき、彼女は仕事中に身体を痛めたことがきっかけで施設を辞めていった。施設を辞める間際にどんなことがあったのだろうか……と、今考えてみても特にこれといったエピソードはなかったように思うが、私が鈍感で気づけなかっただけなのかもしれない。ただ、何とかしなければならない！　好きなのだから結婚したい！　というその気持ちはかなりあったので意を決して話し合いをしたところ、どうしても一緒になりたかったら何か職業を見つけないと結婚はできないと言われたことがあった。

それならば、なにか見つけなければと福祉作業所を何か所か回った。そして、そのなかで見つけた写植の技術を学ぼうと思って通ってみた。しかし研修を受ければ受けるほど、手が利かない私にとっては厳しいと感じた。結局、研修の途中で諦めることにした。

雨の日、彼女との待ち合わせ

やがて彼女とのあいだも、電話をしてもなかなか繋がらない状態になっていった。今みたいに携帯電話があるわけでもないし……。珍しく電話が繋がったある日、そのままの勢いで日時と場所を指定して会いに来てほしいと伝え一方的に電話を切った。その当日は雨が降っていた。「どうせ俺相手にこんな雨の中、来やしないだろう……」と、私はその場所に行かず、一人、部屋で横になりながら雨が降る窓の外をボーっと眺めていた。しかしその時、彼女は「待ち合わせの場所で四〜五時間待っていた」と、三日後くらいに彼女の友達の職員から聞いた。その瞬間、目の前が真っ白になった。申し訳ない気持ちと、自分は何をしているんだと不甲斐ない気持ちで一杯になった。その時のことを今思い出しても最近の出来事のように、なんて自分は馬鹿でダメな奴なんだと腹が立ってくる。そして、いまだにとても悲しくなる。

そんな彼女、もう二度と会えることはないものだと思っていたのだが、何と、それから二〜三年後に彼女のほうから連絡がきた。紹介したい人がいるから是非会ってほしいとのことだった。最後があんな感じだったのであまり気が進まなかったが指定された場所に行ってみると、そこは屋台のおでん屋で、彼女は同伴者と手話を使って話をしていた。久々に見る顔は変わらぬ様子で、互いに挨拶を交わして席に着いた。やがて注文したお酒が来て、そのコップを手に取った彼女のその左手に私は目を奪われた。薬指に指輪をはめていたのである。私は施設での（着飾っていない）姿しか知らなかったので、あぁこの人も外ではオシャレするんだな〜と呑気に感心していた（どんだけ世間知らずなんだ……泣）。思い出して自分でも笑ってしまうほどバカで鈍感である。一口二口酒を口にしてから、彼女は「この人、私のフィアンセの○○○さんです」。

その言葉に呆然としてしまい、詳しくは覚えていないが「よろしく」とだけ答えた。そして、いたたまれなくなり、間もなく店を出た。その時、彼女も出てきて「ざまぁ〜みろ！　クックックック…（笑）」。見事な彼女の逆襲であった。果たして彼女は鬼なのか？　いや、今考えると、もし婚約者が健常者だったら、今更わざわざ私に会わせたりはしなかっただろう。〝障害者であるとかは関係ない。あなた次第では一緒になっていたかもしれないのに〟そう、それが彼女の言いたいことだったのかもしれない。もし本当にそうだとしたら……。私は一世一代の大チャンスをたかが雨で棒に振ってしまったことになる。

後から聞いた話では、私が約束した時間に行かなかっただけではなく、彼女が施設を去った後、アルバイトに来ていた女性に声を掛け、すでに手を出していたことを他の職員筋から耳にしていたらしい。

恋人、それともボランティア

あれは、私が約束をすっぽかして彼女との電話のやりとりもまったくなくなり空白の日々が流れていたそんなある日、施設にアルバイトの女の子が入ってきた。最初は、なんてことない子だと思っていたが、いつからか仕事が終わっても帰らずに私の居室に入り浸っていた。そして彼女となるわけだが、覚えていることは関係を作っていく難しさであった。男と女の関係になるのは思いのほか上手くいった。しかし、それ以上に結婚ということを考えると「好きだ！」「愛している！」だけでは済まされない。そういうことはわかっていたのだが、そこから先をどのように築き上げていけば良いのかがわからなかった。徐々に、恋人としてというより、障害者として（健常者に）依存するようになっていった。障害者とボランティアという関係性から脱したはずなのに結局、自らの手で恋人からボランティアへ逆戻りさせてしまった。

このアルバイトの子との関係もいろいろあったが最後には、「寄るな触るなダニ！　ゴキブリ！」と言われ、終わってしまった。私はちょっとしつこかったという気もするが、しかしそんなにひどいことをしたわけではない。

といった感じで、周りから見ればボランティアの子にちょっかいを出して最終的に嫌われたとしか映らなかっただろう。

しかしまぁ、私という生き物は何度失敗しても……、良く言えば引きずらない。悪く言えば経験をまったく学べない、救いようのない馬鹿、阿呆、間抜けなのかもしれない。

結婚を夢見てきたが諦めるときの結論として、自分は障害者だから結婚できなくてもしょうがない。でも、もし結婚するにしても今のままだと、結婚＝介助、生活費、この二つを背負わせることになってしまうからせめて食い扶持くらい稼げるようにならなければダメだ。当時の私は真にそう思っていたのであった。ゆえに結婚なんて夢のまた夢であった。

ただ、今でも少しだけ……、あの雨の日、ずぶ濡れになってでも待ち合わせ場所へ行っていたら、ひょっとしたらひょっとしたかも……。なんて、ふと頭をよぎってしまう。

外に目を向けて動いてみる

頑張っても頑張ってもなかなか先が見えないここでの生活に疲れ果てていた自分がいた。何か変化が欲しいと考えた。そして考えて思い切って外に目を向けて動いてみて、関係を作ることにした。

原宿、日本社会事業大学へ

北療時代に、しこたまいじめられつつも、とても世話になった先輩、A氏に連絡を取って、何か外に目を向けたいと相談したところ、それならと言って彼が現在通っている大学のゼミに一緒に参加して授業を受けたらどうだと誘われた。そこには福祉学科があるとのことで、取りあえず通ってみることにした。聴講生として日本社会事業大学に週に二回、一人（介助者なし）で二年間通った。

当時も相変わらずのバック走法で施設の最寄りのバス停（上宮病院前）から乗車し、秋津駅で西武新宿線に乗って新宿まで行き、山手線の原宿駅で降りて一〇分くらい歩くと、その大学があった（原宿の旧海軍将校会館跡地）。まずはA氏の参加している佐藤ゼミというゼミに週一回のペースで通い始めた。

その時は、障害者が自立生活を送るときに出てくる課題や問題点をテーマに、各個人がレポートを発表して、そのことについて皆で議論し合う。そんな内容だった気がする。

発表される課題問題に気持ちが昂ぶり、仲間内で激論になったこともある。しかし、授業中に熱くなって語りっぱなしになっていたのに時間がきたから、はい！ 終わり……。そんなことが何度かあった。そんな時、なんでここで終わるのか？ この問題を授業中だけの話で終わらせていいのか？ あそこまで熱く議論を交わしたのにもかかわらず、なぜゼミのメンバーは実際の現場に足を運ぼうとはしないのか？ そういったことで物凄く揉めたことがある。

そして結果として、私はここで話されるような課題や問題点を単なる教材にしたくなかったので佐藤ゼミを辞めることにした。

一人で出歩くといっても、当時は駅にエレベーターがないのが当たり前の時代だったので、階段などはどうしても人の手を頼らざるを得なかった。階段を昇降するのには一度に四人の人の手が必要だったので、カップルや数人で歩いている学生などに声を掛けて手伝ってもらった。

そうやって毎回いろんな人に出会って介助をお願いしたが、残念ながら断られたことも無視されたことも沢山あった。出歩くことは確かに不自由なことが沢山あったが、しかし一言では言えない良い経験をしたと思う。声を掛けても次々と素通りされ無視される現実。しかし、そんな現実に音をあげるのではなく、気持ちを切り替えてチャレンジし続けることで〝目の前の現実を越えていけるんだ〟という自信がついた。

それに、竹下通りは色んな店があって楽しかった。当時は芸能人の経営する店も多く建ち並んでいた。お洒落でかっこいいアパレル関係の店が多かった。

東京のスラム街、山谷へ

大学に通わなくなって次に私が向かったのは「山谷」（東京都台東区北東部にあった地名。現在の清川・日本堤・東浅草付近）だった。その場所をわかりやすく説明するなら、一九六四年の東京オリンピックに代表される高度経済成長期の建設ラッシュに携わった日雇い労働者たちの寄せ場として使われた、東京のスラム街だ。漫画『あしたのジョー』の舞台のひとつでもある。なぜそんな場所へ行ったのかというと、幼馴染みのK氏が「地域で暮らす」と言って移り住んでいった場所がそこだったから。辺りには何年も前にタイムスリップをしたような風景が広がっていて、慣れ親しんだ懐かしさを感じた。何もかもが寂れていて、そこの住人は一見怖そうな人たちだったが、いざ話をしてみると人情味があって優しい人たちだった。

そのなかに山谷の労働者組合もあって、そこでK氏は組合の事務所を仮住まいとしていた。施設にいるときとは違って楽しそうで、目も輝いていたし、顔色もよさそうに見えた。私としては安心したが、同時にこれでいいのかと思うのだった。けれども、こっちがよくよ思うことはないんだと思ったし、K氏に失礼な気がした。そこでの生活は、夏は暑いし、冬は寒いし、車椅子を利用するには狭いし、障害者の住環境としてはあまり良いとは思えなかった。しかし、介助を手伝ってくれる人は多かったのだろう。私のことも食事、トイレといろいろ気遣ってくれた。

ここで過ごした思い出のなかで印象深いことと言えば、毎晩晩酌を調達するのが大変だったということ。ここの場所でしか飲めないスペシャルブレンドを作らなければいけなかった。どうやって作るかというと、各居酒屋の裏に行って使い終わった酒瓶の底に数滴残っているものをかき集める。すると、なんと見事な一本分のスペシャルブレンドが出来上がるのである。それは、ビールから焼酎、日本酒、ウイスキー、ワインなど、あるもの何でも混ぜ合わせた超スペシャルブレンドだ。どんな味がするんだろうと思うだろうが、その時はコクがあって結構いける気がした。

そこで知り合った人たちのなかには、K氏を介して知り合った人たちだけでなく、前から成田空港反対闘争の集会で顔馴染みだった人たちもいた。だから、そこにすんなりと馴染めることができた。そうでもなければ、なかなか他所から来て溶け込むことは難しいのではないかと思う。しかし閉鎖的かというとそうでもない。わけあってそこに流れてきた人たちは自然なかたちで溶け込めるのではないか。そんなものも同時に感じた。

戦後日本の復興を支えた日雇労働者の街、山谷は、国内ではもちろん海外でも日本のスラム街として認識されている。先進国と言われるまでになったその礎を築いた山谷の労働者たち。年老いた彼らは今、簡易宿でひっそり暮らす者、さらにその日暮らしも立ち行かず路上生活を強いられる者など、世間から追いやられ、障害者と同様、邪魔者として見られがちだ。しかし、あの焼け野原から高層ビルが立ち並ぶこの東京を作り上げたのは彼らだということを忘れてはならないと思う。

三里塚闘争へ

私は相変わらず府中闘争などの反体制運動集会に参加していた。施設にいるとどうしてもボーっとしてしまうので、なるべく外に出掛けた。そして馴染みの薄い所に顔を出すのも気が引けるので、馴染みのある成田空港反対闘争（三里塚闘争）をやっている現地によく出掛けていた。

当時まだ成田東京国際空港は開港しておらず、開港の三年くらい前の現地の反対集会に参加していた。朝五時頃に施設を出て夜遅くに帰ってきたことを覚えている。施設は出掛けることに対してうるさくなかったので、出るのも帰るのも指摘されることはなかった。大きな反対集会は年に四回ほど開催されていた。反対派の車に乗り施設を出発。空港に近づくと機動隊の検問が二、三か所で行われる。その都度、持っている荷物を全部鞄から出したり、車に積んでいる荷物を調べられるのであった。特に新左翼系組織車とわかると持ち物を没収されたり、何時間も車を止められることもあった。さらに、武器になると思われる物は即座に没収された。

やっとの思いで現地に着いて集会に参加する。その時の出立ちは長袖にジーパン。天気が良ければジージャン。天気が悪ければヤッケ（ウィンドブレーカー）を着る。そして肝心なのは、ヘルメットを被る、ゴーグルをつける、タオルで口を塞ぐといった装備だ。長袖は怪我をしないよう、ヤッケは天気が悪い時の傘の代わり、ヘルメットはもちろん怪我をしないように防御するものであったが、当時の私にとっては防御というよりはファッション的な要素が大きかった。そしてヘルメットを被る意味合いがもうひとつあった。それは、被るヘルメットの色によって思想信条をアピールするものであった。私は黒と赤のヘルメットを持っていて、黒の意味合いはどんな思想にも染まらないという意味での黒、赤は革命を表して労働者の意味を表す。ということで黒と赤だった。私の場合、思想というそんな大げさなものではなく、どちらかと言えばやっぱりファッション的な要素が大きかった気がするが……。ゴーグルとマスクは、機動隊が撃ってくる催涙弾に備えるものだった。

建設予定地やその付近で暮らしている住民・農民からは、離着陸時の騒音問題と周辺の環境悪化など、そして集会に参加したこちら側は組織の紹介や普段行っている活動や問題などのアピールを行い、その後、警察があらかじめ決めている周回ルートを練り歩くといったものだった。練り歩く途中、機動隊からの挑発・嫌がらせ行為などはもちろんあった。その挑発行為に乗ると公務執行妨害で逮捕だ。そして逃げ惑うデモ隊、そのなかに車椅子の集団もいたが畑でドロドロのぐちゃぐちゃになり、使い物にならないくらいになってしまうことも少なくなかった。また、車椅子の役目をしないくらい機動隊に壊されたことも覚えている。集会の帰りは機動隊の代わりに公安課の私服警官が毎回のように施設まで後をつけてくる。決して我々が心配でついてくるわけではなく、我々が何処に帰るのか、その確認をするための行為だった。

この当時は、清瀬の施設自体そうした活動家が多かったので、警察からのチェックが厳しかった。そして、普段でも私服警官がときおり施設の敷地内をうろついていた。そんなことが、思い出として残っている。思い出のもうひとつは、三里塚現地のおばあちゃんが作ってくれた塩むすびとたくあん。あの味が忘れられない。

この頃の歳は二三〜二四歳、このまま歳をとってここで終わってしまうのではないかと不安な頃だった。そんな折、予想もしなかったことが起きた。

両親の離婚でびっくり！

ある日のこと。いつも通りの一日を過ごしていると、突然母親から電話があった。話を聞くと、昨晩父親と喧嘩となり暴力を振るわれ、靴を履く間もなく飛び出したという内容だった。そして「これからどうして良いのか……、怖い、殺される！」といった調子で泣きぐずるのだった。そんなこと施設にいる息子に言われても……、と思いながらも「必要最低限の物を持って靴を履いて施設まで来い」と指示した。

母は着の身着のまま、やっとの思いで清瀬までたどり着いた。前にも述べているが、父親の知り合いからの見合いで結ばれた経緯からいっても、相思相愛というよりは双方の都合から結婚したようなものだったと母から聞いていた。だから、私が障害者であったことや、父の態度が悪いことなどでいざこざが絶えなかった。父は何かといえば酒を飲み、暴力的になり子どもたちからも嫌われていた。子どもたちからすれば、母のほうに味方するのは当然の流れであった。しかし、清瀬に来たことは妹と弟にも内緒だと言う。そして、母は「（家に）今回だけは絶対に帰らない。私は一人で生きていく。お父さんは絶対ここにも探しに来る。包丁を持って来る。どうしよう！」と言っていた。

私も清瀬に来いと言ったものの、その先はどうするかあまり考えていなかった。そこでとりあえず園長と職員に事情を話してみたところ、園長が職員寮の一部屋を提供してくれた。また、施設の警備態勢も整えるよう指示してくれた。父が来たときの対応も職員間で協力するように整えてくれた。職員も「家庭の事情を施設に持ち込むんじゃ〜ね〜よ！お前のところは大変だな！」と笑っていた。

何日かして、とうとう父が困った様子で施設に面会に現れた。こっちとしても手ぐすね引いて待っていたが、その表情は申し訳なさそうに肩を落として来たのだった。酒が入っていない時の父はおとなしい人なのだが、一口でも酒が入ると人が変わってしまうのだ。親父の第一声は、「どこ行っちゃったんだか……」「お前のところ来てないのか」だった。「連絡は何もない」と私は答えた。

「とにかく今回のことは俺が悪かった」と親父が言った。

「そんなの昔からお前が悪いんだ」と私は心のなかでつぶやくのであった。そして、沈黙が一時間くらいあった。

「何か連絡があったら俺に連絡寄越せ」と言って父は帰っていった。

母の再婚

この騒動の結末だが、母は一〇日間くらい施設の職員寮にお世話になった後に、住み込みでマンションの管理人の仕事に就き、そして最も難しいと思っていた父親との離婚の手続きに成功して、自立した。その数年後、母の年齢が四十代後半に差しかかった頃、再婚を勧めると「もう男はコリゴリ、私はお前たちと自立して一緒に生きていく」と言っていた。しかしその数か月後、結婚相談所に一人で行き、我々子どもたちに相談も何もせずに、そのままそこで見つけた人と再婚したのであった。私としては、「そうか！　互いに自立して頑張って生きていくんだ！」と期待をよせていたものの、一転してしまった母の決断に「なんだよ～……信じられない！」と呆れてしまい、そのときは何も言えなかった。

私、二四～二五歳のときの出来事であった。

施設生活に区切りをつける

施設の敷地の周りに、立派に育った桜の木が立ち並んでいた。私の部屋は棟の一番端なので、桜の木が季節ごとに変化していくのがよくわかる。桜の木さえ季節ごとに変化があるのに自分には何の変化もない。そんなことを常々思いながら暮らしていた。

自分が変わるといえば年齢という数が変わるだけ……。その数が二五に変わったばかりの頃、「そうだ、俺も変わろう」と決心して、二六になったら清瀬を出て町田に戻ろうと思った。

退所を目論んでいる者は他にもいた。そして、誰もが沈黙のうちに事を運び、いつの間にかいなくなっている。皆、そんなかたちで消えてゆくのだった。

なぜ、お化けのような消え方をするのか。それは、家族であれば泣いて縋って叱りつける。行政からはサービスの停止等の忠告を受ける。施設では、退所しないように職員が説得したり、外部との接触を邪魔する行為などが多々あったから。このようなことが予想されるために、隠密に行動するのであった。そして一方的に癇癪を起こして、ヒステリック状態を演じ、退所したい理由、施設の不満など、周りが聞きたいことを曖昧にしたまま飛び出していくといったパターンが多かった。

「なぜ、どうして」と周りの人たちは頭を抱えるのだが、私は施設から出ていく人たちの一見不可解な行動の意味がわかっていた。だが、見ていてもあまり格好のいいものではない。

自分のときは格好良く施設生活を撤収したいと思った。

そして、撤収は始まった。

施設生活撤収準備の日々

こんな日が来ると思っていなかったわけではないが、いざ施設を出るときにはどういう風に準備をしようか……、そんなことを元同居者のK氏を横目に考えてみた。

まず一つ目に、隠密行動はとらない。

二つ目に、敵を作らない。

三つ目に、期間を定め、そのなかで撤収を速やかに終了する。

四つ目として、施設の職員を巻き込むような人間関係を作り上げていく。

この四本を柱にして行動を準備した。

そして「準備期間は八か月」と目標を設定した。

いざ、行動開始！　思いを内に秘めスタートだ！

まず、よく話を聞いてくれる職員に施設を退所したいことを打ち明け、賛同をもらうこと。

それと同時に介助者集めなど、一緒に行動してもらうことから始めた。そして職員にその話を施設内に広めてもらう。それにより賛成、反対の賛否両論が出てくることで、その時が来たら賛成の人に介助の要請をするつもりであった。その候補者の名前をノートに書き出していくことから始めた。そして二人、三人と名前を書き連ねていくうちに名簿らしくなってきた。そこでノートの表紙に「介助者名簿」と書いたのであった（笑）。

「介護」ではなく、「介助」

私は「介護」ではなく、「介助」という言葉にこだわった。「介助」の意味をちゃんと知っている人は少ないと思うし、一般的には「介護」＝「介助」という印象でしかないのではないか。そこで、なぜ私が「介助」という言葉にこだわったのか、ここで少し説明しよう。

介護者

すべてにおいて「保護」して守ってくれる人たち。

当事者を保護の対象として上から目線で見る。こちらの都合などお構いなしに介護者の考えで行動を制限されたり、勝手に決められてしまう。

家庭のなかで親の支配下にある当事者も保護の対象として扱われていると考えている。

当事者としては突然現れた専門家、親たちに自分たちの意思とは関係なく身を預けるほかない。

これが介護者なのだ。

介助者

当事者の意思に沿って、時に良き友人、また相談役として動いてくれる人。求めなければ、存在として現れない人。当時は社会的にも現在のように制度が確立していなかったため、ボランティアとして募集しなければならなかった。ゆえに一〇〇〇人に声を掛けて一人出会えれば良いくらいの確率であった。

そして、共に過ごす時間をどれだけ有意義なものにできるかが、最もお互いを繋ぎ止めるものであることを、その後彼らと過ごした年月のなかで感じてきた。

時に手足となり、時に知恵袋として、また、社会から隔離された世界で生きてきた当事者である私にとって良き相談相手となってくれるのが〝介助者〟である。

施設での生活をやめて自立して生きていくときに私が必要としたのは、自分の意思と共に歩んでくれる「介助者」だったのである。

部屋探し

介助者探しと同じくらい大切で、なおかつ大変だったのが部屋を見つけることであった。施設の入浴日が火曜日と金曜日だったので、それ以外で週三日くらいは町田まで行って、部屋探しに明け暮れた。そして、空いた日は大学で介助者を探す。その他には、自立生活をしている仲間の情報収集も必要だ。

まず部屋探しのその日、施設を出る時間は一〇時半。バス停までバック走法二〇分、バスに乗って西武新宿線の久米川駅まで行き、そこから電車に乗って西武新宿駅で降りる。さらに西武新宿駅から新宿駅西口まで人ごみのなかをバック走法で進む。西口に着いたら小田急線に乗って町田まで行く。もう町田に着く頃にはヘロヘロで、ここで少し休憩をするのだが、コーヒーを飲めるわけでもなく、タバコも吸えない。ただボーっとするのだ（泣）。

小休憩も終わり、さて何処へ行こう……。

町田の不動産屋は片っ端から訪ねて回った。件数でいうと八〇件は回ったと思う。しかし、毎回決まって笑われてドアを閉められる。まるで相手にされなかった。悲しかった。

それでも諦めず清瀬から町田まで通い続けた。夏の暑い日なんかは水も飲めないので大変だった。天気が多少怪しくても出かけて……。

やっぱり雨に降られビショビショに濡れて帰ったこともあった。トイレに間に合わなかったこともあった。そして、何も言わないで見ていた施設の皆の視線が、私をいろんな意味でめげずに行動させていたのだと思う。家族は私が施設から出たいと言った時点で、反対はしないけど手伝わない、そして施設を出たとしても協力はしない、ということであった。

介助者探し

このように、まったく住まいが見つからないなかであったが、介助者探しも同時にやっていた。それは、大学のキャンパスを回っての介助者募集のチラシ配りだ。何校回ったか覚えていないが、有名、無名、専門学校を片っ端から回ったことを覚えている。だが、これもまた砂漠でダイヤモンドを探すようなものであった。

学校側から校内で外部の人間がビラを撒くのはダメだと言われることもあった。当時は六〇〜七〇年代学園紛争の時代で、大学は外部の人間が学園内に入ること、そして政治的な活動をすることに対して神経質になっていて、私は（政治的メッセージなんかは皆無で）ただ介助者を探したかっただけなのだが、介助者募集という行為が障害者運動として映ったのだろう。それは政治運動とみなされ、幾度となく追い出された。

さらに分が悪いことに、たいてい各学校にそこを拠点として自立生活を送っている障害者が縄張りをもっていることが多かった。そして、自分のシマに挨拶もなしに入ってきて好き勝手されるのは困ると言って、弾き出そうとするのである。私としてもせっかくここまできて何も目的を果たさないまま帰ることはできなかったので、施設から出て自立をすることを説明すると、その主もガードを緩めて話を聞いてくれた。そして、それをきっかけに数名の学生や他の学校も紹介してくれた。このように、当時の大学では所々にいかにも自分の大学みたいな顔をしている障害者がいた。しかし、その人たちと仲良くしていると介助者の紹介だけでなく、行政との関わり方など、いろいろな情報が手に入ったことも事実であった。それで私もずいぶん助かったことを覚えている。また、清瀬に入る前から付き合いのあった、町田の同年代のボランティアサークルにも協力をお願いしに何回も出向いた。

そして、友達のＫ氏にも相談したところ、実際Ｋ氏に入っている介助者も何人か紹介してくれた。

こんな感じで思いつく限り、自分が動ける範囲はやってみた。

介助者名簿にはなんだかんだで、二〇人近い名前を連ねることができた。しかし、実際にやってくれる人は何人いるか？　なんだかんだ言っても当時は何の保証もなく、ボランティアでやってもらうしかなかったので、とても不安だったことを覚えている。たとえばシフトを考えてみると、一日二交代にするのか三交代にするのか、また、一人の介助者がどのくらいできるのか。そんな話もしたかったが、話を詰めたところで、逆に大変だ、面倒くさい、そう思われて遠ざかってしまわれるのも嫌だし、そんなことなら出たとこ勝負でやるしかない。本当にまったく読めなかった。何の説得力もない。そんな始まりから今日にまで至るのだが……。

町田、共働学舎からの提案

振り返ってみると、本当に良い人たちに恵まれていたと思う。

介助者の問題は何とか進めることができていたが、引っ越し先がまだ決まっていなかった。そんなある日、府中闘争の支援グループの一人、田中公明氏から電話が掛かってきた。その内容は、「清瀬を退所するのであれば、今度開所する共働学舎という施設の園生になってくれないか。住む所は大丈夫。ここからアパートを探せばよい」という内容であった。そんなこと言われても……。相変わらず唐突に滅茶苦茶なことを言う人だな〜と思いながらも、その施設の場所は町田市だし、目標に一歩近づくと思った。

田中公明氏は、元は多摩更生園という障害者施設の労働組合委員長をやっていた人で、清瀬療護園組合と関係がよかった。そして、一九八二年に桜ヶ丘共働学舎（町田市）を創設した人だ。私とは古くからの付き合いがあって、子どもの頃はよく可愛がってくれた。

アパート探しで苦戦しているという話をしたときに「共働学舎の土地の一部に小屋を建てて、そこに一時的に住まわせてやる」そこでゆっくり探せば良いと、提案をしてくれた。そんな連絡があって数日間、どうしようかと考えていたとき、またもや清瀬の自治会宛に桜ヶ丘共働学舎から開所式の招待状が届いた。施設同士の付き合いもあって開所式は参加しなくてはならなかった。当時から都立府中病院をはじめとする大規模施設は障害者の人権をめぐる問題がたびたび取り沙汰されていたため、小規模施設が作られることを一利用者として望んでいた。そんな施設を作ったから是非見に来いということであったのだから、喜び勇んで行ったのであった。

そして、行って驚き見てビックリ！　行った先は町田駅からバスを二回乗り継いだ多摩市との境。辺りは何にもない……。竹やぶに囲まれた絶壁の端であった。三〇〇坪くらいの土地に建築現場によくあるような建物が建っていた。近づいてみると、まるで廃材で作ったような建物だった。電気配線も剥き出しでびっくりした。何よりも驚いたのは、ドロドロぐちょぐちょの土地にドラム缶やらさまざまな配管やその他もろもろの建築資材が積み重ねてあって車から降りられないようなところであった。

いろいろな物をどけてもらい、やっと降り立ったこの場所が今度の新居の地になるとは……。ここでもまた敗北感をたっぷりと味わったのであった。帰って来て悩みに悩んだ。あんな所にほっとかれて、そのまま死んでしまうのではないだろうか？　私は何だかんだ言いながらも、

〝ほっとかれる〟ということは今までなかったので、一人放置されることが何よりも苦手なのだ。

この時点で自分で決めた施設退所日まであと一〇日と迫っていた。周りからは「そんなに無理することはない。気楽にいけ。退所は考え直したほうがいい。そんなに気張らないで。ここにいれば楽しく酒飲んで生活できるんだからいいじゃないか」など、いろいろ言われ心が揺らいだ。そういう姿を見ていた親しい職員は、この期に及んでウジウジ悩み出してしまった私に「頑張れーっ！」と檄を飛ばしつつ荷造りを手伝ってくれた。

「町田には来ないでくれ」？

そして、退所日の前日に信じられないことが起こった。その日の夜、私の追い出しコンパがささやかに開催されていたまさにそのとき、顔馴染みの町田のボランティア七〜八名がぞろぞろと施設（清瀬）まで訪ねて来たのである。彼らに何をしに来たのかと尋ねると、「自分たちの生活が圧迫されるから、頼むから町田には来ないでくれ」と言うのだ。そのことを聞いた私はその瞬間、今までウジウジ悩んでいたことがすっきりと晴れ渡り「よし、町田で頑張ろう！」と吹っ切れたのだった。

それまでは町田に執着心はあまりなかった。あったのは、親兄弟の近くで彼らを見守っていたいという思いであった。

そして、その町田に障害者のためのボランティア団体があったので、私としては「もし可能なら何か少しだけでも手助けをしてもらえるなら有難い」という思いで相談させてもらっていた。そういう心持ちだったのを、何を思ってか、あるいは勘違いしてかはわからない。「自分たちは手助けできない」と、ただそう言ってくれればいいだけなのに。

私みたいな重度障害者が施設を出て地域で普通の生活をするなんて〝出しゃばる〟ようなことをすると手が掛かって迷惑だと、わざわざ伝えに来たのか！　だからおとなしく施設にこもっていろと！　あなたたちが今まで在宅でボランティア活動をしてきた意味はいったい何だったのか！

何よりも「町田には来ないでくれ」なんて、どこに住もうが私の勝手で、一人の人間として言われる筋合いのないことを、さも当たり前のように言われたものだから……。

「私たちにはできない」はわかるとしても、だからといって「お前は来るな！」は違うだろう！　バカ野郎！

この瞬間、この土地で一切こいつらの手なんか借りずに生活してやる！　そう決心した。

第4章

社会に飛び出せ、そして自立生活へ

これでも自立生活なの……

とうとう、その日が来てしまった……。

共働学舎の田中公明氏が協力してくれるということで、最初から頼ってしまった。まず、学舎のトラックを借りて、三、四段しかないタンス、テレビやオーディオなど大きな物、餞別でもらった一人暮らしに必要な日用品などを運んでもらった。また、食器類は職員が家庭で使わなくなったものを貰った。一人で暮らすのには多すぎる食器の量に驚いたがとりあえず車に詰め込んだ。

そしてとうとう、あのぐちゃぐちゃな地面が広がる〝僻地〟での生活がはじまった。すでに公明ファミリーはそこに住んでいた。奥さんと子ども一人、障害者二人、犬一匹。そして、そこに私も含まれて障害者が三人ということになった。公明が作ろうとしている共働学舎（施設）は、障害者と共に暮らし、仕事をしていくなかで互いを尊重し関係を作っていくことを理念としていた。普通であれば家庭というプライベートな空間は、大切にしたい、侵されたくないと思うのが当たり前だと思うのだが、彼はその家庭のなかに他人を入れて一緒に生活を営んでいた。なかなか真似のできることではない。そのときは、それだけでもすごい人だなと思った。

田中公明（たなかきみあき）。親しい人たちは「こうめい」と呼ぶ。私が府中闘争に関わったことをきっかけに関係が始まり、それからというもの何かと気にかけてもらってきた。たとえば、施設の自治会で都庁に要望書を提出するときや、通すのが難しい要求をするときにどうしたらいいものかと相談すると、こちらの要求をいろいろな関係筋を使って、いとも簡単に話を通してくれた。頼りがいのあるすごい男なのだ。しかし、気難しいところもあるし機嫌が悪い時などは寄らず触らず遠くから見ているほうがいい。怒られるとものすごく怖い。自慢じゃないが何度か叱られたことがあったが、ものすごく怖かった。

どんな風に怒られたのか具体例を挙げたかったのだが、あまりの恐怖から記憶が飛んでしまっている……。とにかく、怒られている間じゅう泡を吹くほどものすごく怖かった。

共働学舎で自立生活の実習

清瀬を退所した初日から桜ヶ丘の学舎で公明ファミリー、そして二名の障害者との共同生活が始まった。公明は障害者の二人を愛称で呼んでいた。私は「居候」というあだ名で呼ばれていた。また時にはダニ、ゴキブリという〝愛称〟でも呼ばれ、公明は障害者一人ひとりにあだ名を付けていった。

介助者が来ない!

そして、自立生活をするべく準備をしてきた介助者の出番がいよいよはじまることとなったのだが、夜になると真っ暗で、今にもお化けが出そうなこんな町田の僻地まで、彼らがたどり着けるのか不安だった。そして間もなくその不安は的中してしまった。泊まりの介助者が来るはずの時間に来ない！ 来ない……と落ち込んでいると公明は酒を持ってきて「来ないな！ まぁ飲めよ」うひゃうひゃ……と笑いながら酒をグラスに注いでくれたのを覚えている。その頃は、自分の力で座って前かがみになってストローを咥えて酒を飲むことができたので、注いでもらえれば自分で楽しむことができた。公明はこういう事態になることをわかっていて、目が届くようにいろいろ考えてくれたのかな？　と思った。

もう五〇年くらいの付き合いになるが、いろいろなことを気にかけ、心配してくれる頼りがいのある人だ。そして、酔いが回った頃にようやく泊まりの介助者が来てくれた。最初の頃は、介助者も自分が行かなければどれだけ相手が困るのかということに気づいていなかったようだ。しかし、通い続けていくうちに徐々に自分の重要性を感じるのではないだろうか。まして現在のようにヘルパー制度が存在しなかったため、休んだらヘルパー派遣事務所が代わりのヘルパーを探してくれるなんていうことはなかった。そもそも、ヘルパー派遣事務所というものすら存在しなかった時代だ。

自分が行かなければ相手が困る！　そんな思いが強くなれば、たとえボランティアだとしても時間厳守やその他の介助者としての認識、使命感も備わってくるのだろう。

最初の頃、食事は公明の奥さん（たえこさん）が作ってくれた。夕飯の時などは息子のヒロキとソファーに寄り掛かりながら食事が出来るのを待っていた。テレビを観ながら、「ああ、昔はこうやって妹弟たちと一緒にご飯が出来るのを待っていたな」なんていう思いに浸っていると、やがて夕飯のできる匂いが部屋中に立ち込める。この何とも言えない温かで懐かしい気持ち……！　そして出来たての食事も美味かった。

学舎の仮住まいは、一部屋を借りて自分の電話を引いたところから始まった。介助者のシフト作りをしなければ明日、明後日と先に進めない状況だった。まずはそのことが何よりも優先とされた。

介助者シフト表をつくる

施設から持ってきたお気に入りのヌードカレンダーの裏にマジックでシフト表を書き込み、それを部屋のどこからでも見える場所に貼ることにした。

シフト表は二種類つくった。ひとつは壁に貼り、ヘルパーが来てくれる日にちに、始まる時間、終わる時間を横棒グラフのように記入して、それを見ながら空白の時間を埋めていく。もうひとつは随時持ち歩ける自分の大学ノート（キャンパスノート）だ。それに壁に貼ってあるシフト表を写しておいて、出向いた先々で直接ヘルパーの約束を取り付け、その場で記帳してもらう。ノートだから携帯にも便利で、行った先々で重宝した。

最初に借りた部屋は田中家の二階の一部屋だった。二階だから簡単に外にも出られなかった。当然アパートを探すことさえできなかった。介助者については、約束通り来てくれる人もいたけれど、ドタキャンが多かった。追い打ちをかけるように、今度は公明が「俺が介助をしてやる」と言って二四時間介助を続けて三日間やってくれたことがあった。そのときのことは一生忘れない。彼の介助は見た目には乱暴だが、要点を踏まえた良い介助だった。そこにいるあいだ、いろんな学生が介助者として来ていたが、公明は学舎と学生自身との関わり方、また藤沢（私）との関わり方など、その介助者と競うように話をしていた。そんな彼であったが、大概の人間は三日間も付きっ切りで一緒にいるとお互いに顔を見るのも嫌になってくるものだ。我々も例に漏れず、しまいには公明に「お前の首を絞めたくなってきた」と言われた。

だから私も「こんな思いをするのだったら、清瀬から出るんじゃなかった」と、言い返したことを覚えている。障害者をもつ親はこんな思いをずっと抱え続けているのだ。

学舎での数か月間の生活は、これからの私の行く末に難問奇問が押し寄せて来ることを予感させ、その前奏曲を聞いているような気がした。

プレハブの新居

引っ越してきて一〇日程たった頃だろうか、公明が学舎敷地内にプレハブを建てようかと話をしてきたので、お願いした。学舎は竹やぶで覆われた所に建っていて、その反対側の敷地は崖となっていた。そして、その場所でパワーショベルを使い自分たちで擁壁造りの工事をやっていた。そのてっぺんに部屋を作ってやるという話だった。「絶景が見えていいぞ～」と公明は言う。しかし、そんなことはない。確かに見晴らしはいい所で遠くに街が見えたし、そこでキャンプをするのだったら一日二日キャンプファイアでもやれば楽しく過ごせるかもしれない。ただ、そこに住むとなれば話はまた別だった。今だから笑って話もできるが、その当時は真剣に「これからどうしよう」と思った。まずはどこからか貰ってきたプレハブで六畳の小屋を作り、そこに台所、トイレを付け足した。

トイレは玄関の目の前にパワーショベルで穴を掘って、その穴の中に車のタイヤを積み重ね、その上に和式の金隠しを置いて床の高さに合わせた。一応これで部屋とトイレの段差は解消された。四方に板を適当に貼って、屋根はプラスチックの波板を張って出来上がり。台所はボロボロのシンクを小屋の外（バルコニーに当たるところ）に置いて、トイレと同じように四方八方を板で囲い、屋根もトイレと同じ要領で波板で塞いで出来上がり。照明はデスクライトを各部に置いて、六畳の部屋だけ照明器具があったが、どこから持ってきたのか？

自立生活とはいうものの……

こうして〝豪邸〟が出来上がったのだが、夜になると床の隙間からナメクジ、コオロギ、バッタ、ゴキブリ、玉虫……、得体のしれない虫がいっぱい上がってくる。目玉焼きを作ると雨水が落ちてきて目玉焼きが壊れてしまう。台風が来ると突風で屋根が浮き上がる。大雨が降ってトイレの水が吹き上がり、部屋が糞まみれになったこともあった。いろいろ辛くてもそれでも、頑張らなくちゃいけないと思って歯を食いしばった。介助者には「こんなことで本当に自立する気があるのか。こんな調子じゃ関わりたくない」と言われたこともあった。

一番大変だったのは、介助者本人と連絡を取ることだった。携帯電話などない時代だったので、本当に大変だった。大学のサークルに電話を掛けることが多かったが、家まで連絡しなければならないこともあった。なかなか当人との連絡がとれないので、どうしても家族が使う固定電話に掛けてしまう。そうすると、「いい加減にしてください、あの子はあなたと付き合うために学校に行かせているわけではないのです」「もういい加減あの子と関わらないようにしてください。電話もしないように」と怒鳴られたこともあった。

さらに追い打ちをかけるように、翌日の介助者が見つからないときは、泊まりの介助者によく「自分が帰ることができないからそれでいいと思っているんじゃないのか、ちゃんと真面目に電話を掛けて下さい！」ときつく言われてしまうこともあった。それでも、掛けるところも当てもない……。そんなこともあった。〝切なかったなぁ〜……〟。本当に困ったときは、相手が留守だということを知りつつ介助者の目の前で電話をして、留守だったとアピールした。そんなときは何とも言えない気まずい雰囲気が狭い六畳一間に漂った。

竹やぶの中にあった小屋だから、夏になると床の絨毯にアリが上って来て、網戸には蛾と蚊がへばりついて、トイレにはバッタと銀バエ、台所にはナメクジ……。また、小屋から外出するときは、山のてっぺんから約五〇〇〜六〇〇メートルもある坂道を下らなければいけない。その坂道での車椅子の操作が大変なこと……。下るときは車椅子を押しているのか、車椅子に振り回されているのか。また、そこを登って帰るのは容易ではなかった。夜は街頭の灯りが少なく怖かった。そんな過酷な日々のなか、俺はいったい何のために清瀬から出てきたのだろうと泣いたこともあった。しかし、そんな私を見て介助者が「明日学校に行って友達を紹介するよ」と言ってくれたことも……。辛く厳しい生活のなかで人の優しさに触れると余計に心に沁みたことを覚えている。そんな小屋での生活をしながら、昼間出掛けられるときは介助者と不動産屋を回って家を探し、介助者を求めて都心の大学を回れる限り回って介助者探しのアピールをしながらビラを撒いた。

大学のキャンパスで介助者探し

ここで介助者探しのエピソードを、いくつか思い出したいと思う。

私が施設を出て、一人暮らしを始めた頃から、かれこれ四〇年が経とうとしている。当時は障害者の福祉制度というのはあまりなく、特に生活に対する保障、サービスは皆無に等しかった。障害者の生活に直接関係する日常の介助などは、ボランティアに頼らざるを得なかった。

一九七九年頃から社会的にも障害者の解放運動が活発になって、この頃からただ単に〝ボランティアにやってもらう〟ことはあまり聞こえの良いことではなくなってきた。それは、〝全面依存する〟ことだと障害者側からの批判もあった。

しかし誰かに頼らなければならないのが現実である。

私が思う自立生活とは？

自立生活とは「親、兄妹など家族の庇護や、施設という管理された場から独立して暮らすこと」と定義する。家族と共に住んでいても自立はあるという考え方も一部ではあるが、しかし私は同居している限り、保護・依存の関係を断ち切ることは難しいと思う。

私は自らが目指す自立生活の基盤を作るに当たって、まず自分と介助者の関係性を築いていくことから始めた。

まず、障害者として生まれてきた自分は、社会から疎外され差別されてきた。それゆえ福祉施設に収容されてきた。

そして今、施設を退所し一般の社会人を目指して新しい生活を始めようとしている。それは、一般人＝健常者と共に社会のなかで生きていくということである。

何もできない、わからないことだらけだった。しかし、その大きな山の向こうには素晴らしい生活があるように思えた。それは障害者と健常者の共存の社会で、差別がない社会。それは与えてもらうのではなく、自らが作っていく人間関係のなかで築いていくものなのではないか。それは私も含め、関わってきた多くの仲間も同意見だった。

介助者募集のビラをまく

そういった志をもって介助者募集のビラ（チラシ）を作り、それを駅前・大学キャンパスで介助者（学生）と一緒に配布した。講義が始まる一〇分前、学生たちが集まったのを見計らって教授が来る前にビラを配布したりもした。足を運んだ学校の数は相当だったと思う。ビラの内容はというと、その当時、介護・介助という言葉はメジャーではなかったので、ビラの最初は「介護、介助とは……」という説明から始めたように記憶している。

また、自分は重度障害者であるが一般社会の一員として生活をしたいという切なる思いを語った。そして、私が目指すのは共存であり、依存ではないということを強調して、ボランティアという言葉は使わなかった。

四〇年前でも一枚のビラを通りすがりの人に受け取ってもらうのは容易ではなかった。ビラのハケ具合もイマイチなのに加え、三〇〇〇枚撒いても一人来ればいいという感じかな〜。

今だから言えるが、私はビラ撒きが一番嫌いだった。その理由は、道行く人に配っても受け取ってくれない。私がビラを握って直接手渡そうとすると、驚いた表情をしながら立ち去ってしまう。そして、受け取ってもらえないビラはしわだらけになり、使えないものになる。仮に受け取ってくれてもその場で丸めて捨てられた。そんなことをされると、とても惨めな気持ちになった。そして終了時は、自分がいた所から三〇〇メートル程の範囲を掃除しなければならなかった。その掃除とは、受け取ってもそのまま捨てられていったビラを拾い集めて持ち帰り、古新聞といっしょに積み上げる、そんな虚しい作業であった。そして、家に帰ってくればシフト表は真っ白……。誰が来るかも決まっていない……。ハッキリ言って地獄だった。

大学での講演会

次に、介助者が在籍する大学の講堂や教室を借りて障害者の自立生活というテーマで講演会を企画した。その準備として、校内や最寄りの駅などにチラシを貼った。そして、さぁ～！講演の始まりです。広い会場にはざっと見たところ、三～四人といったところで、しかもよく見ると親愛なる介助者クンとそのお友達のサクラさんといった感じであった。自分はもちろん苦労したが、介助者も私を励ましたり、おだてたり、時には厳しいことも言って檄を飛ばしてくれた。その檄とは、「藤沢さんの問題なのだから私は関係ない」というもので、そうは言いつつも最後は、「協力だったらできる限りする」と言ってくれたりもした。その頃の介助者も、今は会うことも少なくなり各界で活躍している。しかし、ずっと年賀状は欠かさず出し合っている。数年前、自立生活三〇周年パーティーを開催したときには大勢の懐かしい方々が参加してくれた。いや！ 方々ではなく、私にとっては愛おしい仲間である。

「新しいが普通の関係性」

次のシフト時間に引き継ぐ介助者がいなくてどうすれば良いのか、障害者に関わってみたのは良いけれど、人が居ない！ そんなところから介助に関わってくれた仲間たちには、本当に感謝している。

二四時間体制のなかで介助をおこなうということは、ただ何かやってあげたいという気持ちだけでは難しい。だが、最初は皆それくらいの気持ちで入ってくる。それでも大変ありがたいことなのだが……。

そこから、共に過ごす時間をどれだけ有意義なものにできるかが重要だ。すなわち、関わりを繋いでいく気持ち。その行為を障害者のほうから積極的にアピールすることによって、疎外され差別されてきた歴史や現状を知ってもらい、そして「新しいが普通の関係性」を築いてきた。

「新しいが普通の関係性」とは、「一緒に何かをおこなう」と言ってもよいだろう。普段の生活からたとえてみると、部屋の掃除のときに離れた場所でされるがままやってもらうのではなく、自分もその場所に立ち会って、共に埃にまみれてどうやったら上手く片づけられるのかを一緒に考えたり、調理の際は互いに味見をしつつ、あーだこーだ言いながら一緒に作る。

こういうことは一見、介助者側からすれば邪魔になったり面倒くさいことに感じるのではないかと思うが、そうではないと言われたことがあった。それは、障害者と介助者との関係を繋ぎ止めるひとつの道筋だ。そういったことの積み重ねによって、多様な関係を築いていけるのではないかと思う。寒い所、暑い所に行くときも一緒に行き、共に寒い思い、暑い思いをする。得意も苦手も自らその場に立ち、その場その時の感覚や想いを共有しながら進んでいくことが肝心なのだ。

共に過ごす時間をどれだけ有意義なものにできるかが、最もお互いを繋ぎ止めるものだと感じてきた。

そんなところが見えてきた。

そして悪戦苦闘しながらも施設から退所して一年が過ぎた。

この一年は介助者を集めることと家探しで足早に過ぎていった。

山の上の仮住まいでは、車椅子での坂道が大変だったこと、そして虫にまみれたこと、台風のとき小屋ごと浮き上がったことが衝撃的で思い出深い。山の上の〝豪邸〟は、都会から介助者が訪ねて来るのに当時は遠距離であった。

やっと賃貸を借りられた

この時期は一年以上にわたって不動産屋を回った。

そこでわかったことは、普段なら門前払いを食らうものの五月から九～一〇月であれば、出向いて行っても意外と相手にしてくれるということだ。そのタイミングを見計らって、やっと探し出した物件の所在地は町田市南大谷で、坂を下った線路脇の２Ｋの一軒家だ。

とはいっても、道から直接玄関へ入れるわけでもなく、道から階段を三～四段降りたところに玄関がある。健常者であれば三～四段の階段なんてちょっと面倒臭い程度のものだと思うが、車椅子を使う者としては段差＝自力では越えられない壁なのだ。だから、やっと見つけた物件ではあるが一度は諦めようと思った。が、ここで諦めてしまったらまたゼロからやり直しだ。

いつになったらこの物件探しの日々から抜け出せるのかわからない。悩みに悩んで、学舎の公明に相談してみた。そしたら彼は、「道から庭へ渡すスロープを作ればいいじゃないか」と、アドバイスをくれた。早速、不動産屋に行ってそれを話してみたところ、幸いにも大家の了承を得られた。スロープは公明が作ってくれた。それを使って車椅子で道から縁側へと入ることができるようになった。施設から出ることをずっと反対していた父親が、「親として何もしてあげられない」と言いつつ手作りの表札を手渡してくれたのが嬉しかった。

まずは家の改造だ！ 毎日だって風呂に入れる！

やっとの思いで借りた家であったが、そのままでは使えず、トイレや風呂にある仕切りの段差をなくす補助的な改造が必要だった。そのための業者を頼む資金がなかったので、公明や介助者たちと一緒にできる限りの改造をした。ちなみに賃貸の法律ではこの物件から撤収するときには、いくらボロい物件であっても原状回復の義務があるため、傷付けないように工夫した。

そしてやっと引っ越しの日を迎えた。二七歳の初夏、学舎のトラックを借りて、晴れ晴れとした気持ちで厳しくも思い出深い、竹やぶのなかの小屋を後にしたのだった。しかし雨男がゆえ、こんな日なのに天気は雨だった。

ここからは介助者と本当の二人きりの世界だ。今までだったら介助者がいなくても大声を出せば公明ファミリーがいたし、誰かが駆けつけてくれた。しかしもう隣近所は知らない人ばかり。気を引き締めていかなければならない。介助者の交通費とここで食べる飲食類は私が負担するとして、介助者用の仮眠の布団なども用意しなければならない。

私が施設を出たいという理由のなかに週二回しか入浴できないというのがあった。これからは自分のやり方次第で毎日だって風呂に入れるし、入ろうと決めたことを覚えている。

たび重なる不測の事態

自立生活を送るなかで最も恐れていたことは自分が倒れたとき、介助者にその後の指示ができなくなることだ。そしてそれは実際に起きてしまった。ある日ガラス窓に背を向けていたところ、バランスを崩してしまい頭でガラスを突き破り、そのまま首の後ろにガラスが突き刺さった。私はそのまま気を失ってしまい、目が覚めたのは病院のベッドの上だった。後から介助者に話を聞くと、気を失い血がドバドバ流れ出ているのを見て、死んでしまったのではないかと気が動転したが、それでも一刻も早く救急車を呼ばなければならないと何とか気持ちを立て直したそうだ。しかし、今度は住所を知らなかったので本当に焦ったということだった。このときは近所に助けを求めたという……。

もうひとつ、入浴後パジャマに着替えてボーっとテレビを観ていたそのとき、首筋に何かが降ってきた。それを見た介助者が「わーッ、ゲジゲジだ！」と声を上げ、それにびっくりした私が緊張で首をすぼめた瞬間ゲジゲジが首と顎の間に挟まってしまった。一五センチほどの巨大なゲジゲジは私の首筋で暴れ、そして案の定、刺されてしまった。私はそのまま気を失ったのである。気がつくとまたも病院のベッドの上。三時間ほど点滴を受けていた。

設備も人も整っている施設とは違って、一般社会のなかで自立生活を行うのは不測の事態が起こりやすい。なにかあったときに、自分のことでありながら自ら指示が出せないということが最も怖かった。

そういったことがきっかけで、介助者側からミーティングを開いてほしいという声が上がったので緊急事態での対応のしかた、介助者同士の横の繋がりを作ってもらうためにもミーティングを開催することにした。

介助者ミーティング

それを始まりにして定期的にミーティングが開かれ、さまざまなことがこの場で話し合われるようになった。たとえばシフトを埋めていく作業や、ビラ撒きの作戦会議。さらには料理教室や、まだ介助が不慣れな学生への指導など。最終的に飲み会になることもしばしば……。

毎回全員参加とはいかなかったが、少人数でもなるべく定期的に開催するよう努めた。介助者同士のコミュニケーション方法として、その日に起こったことや思いを介助者ノートというものを作ってそこに書き留めてもらった。

介助に来てくれるのは同じ学部の友達同士や同じ学校の先輩や後輩、大体は数人のグループだった。なかには介助者募集のチラシを見て一人で来てくれる学生もいたが、せっかく来てくれたのに孤立して辞めてしまうこともあったので、そこは気にしなければいけないところであった。他に気を遣ったこととしては、同じ学部の仲良し同士だとしても、たとえばA氏に対して「この前、B氏が〜って言っていたよ。〜なことしていたよ」など、余計なことを言わないことだ。私としては気を遣ったつもりでも、そういったことを口にすると、知らぬ間にその内容に尾ひれが付いて広まってしまい、あらぬ誤解を生んでしまう。挙句の果て、その学生同士の関係も悪くなり、介助も辞めてしまう。そんなことが何回かあった。

生活費は？　介助料は？

毎日が大変だったが、それなりにペースを摑めていったように思う。生活費は生活保護でまかなっていた。介助料は都からの特別基準というものと、介助料障害年金、重度手当の二種類があって、当時はそのなかから介助料を捻出していた。しかし、当時の介助料はとても給料と呼べるものではなかった。どの程度かというと、往復の交通費が支払える程度のものであった。介助者のなかには「交通費はいいから、食事を一緒に食べられればいいよ」と言ってくれたり、「一緒に呑みに行く酒代でいいから」と言ってくれた人もいた。介助料という名目程度の公費はあったものの、まだまだ必要最低限の額には程遠かった。

自分の生活を作る

「共に過ごす時間をどれだけ有意義なものにできるかが、最もお互いを繋ぎ止めるものだ。」

これこそが自立生活の基本だ。このことは当時も現在も終わりのないテーマとして追い続けている。と言うより、追われ続けていると言ったほうが正解かもしれない。誰かの傍にいる、誰かと一緒に過ごすとき、これは障害者であろうが健常者であろうが当たり前のことなのだが、私の場合〝心で繋がった人間が傍にいなくなる〟こと、イコール〝自立生活の破綻〟なのだ。そしたらまた施設のベッド、病院のチンポコ串焼き（カテーテル）の柏餅（おむつ）ということになって……、私の人生は息絶えるのだ。

だから私は、どうやって相手の心を繋ぎ止めつつ自分の要求も伝え、そして、私らしく介助者と何ができるのか、何を楽しめるのか、それこそが課題だし、そのなかでいかに私らしい人生を送ることができるかを今でもなお、問い続けている。そして今私ができることは、そういう自立生活を送ろうとしている仲間にチャンスを与えることなんだろう。

障害者なんて大っ嫌い？

自分が障害者であると認識しはじめた幼い頃、北療育園に通う電車で人目が気になったり、同じ日に診療に来る仲間たちを見て（もちろん自分も含めて）、幼いながら私は、障害者が大っ嫌いだった。こんな醜いものは他にないと思っていた。それが私がもっていた障害者差別だった。しかし、その後中学に入って荒れ始めた頃、府中闘争で関わった支援グループのお兄さんお姉さんたちにすごく良くしてもらった。なんでこんなに親身になってくれるのだろう、親だってこうまでやってくれない、と。そんな不思議さに触れたとき、障害者にでもこんなに優しくしてくれる……、「そうか、そうなんだ！　自分も優しくなりたい！」、それで人が笑う顔を見たい、そんな思いを強くしたことを今でも覚えている。そしてそのとき、自分が男であることと、優しくしてくれるお姉さんは女性だと、あらためて気づいたのであった。

そんなこともきっかけとなって府中闘争に深く関わるようになり、いろいろな集会にも参加するようになった。

「運動」から学んだこと

座り込みをして交渉をおこなって、相手と押し合いへし合いになって力で弾き出されたときも、自分たちが負った傷よりもこっちの傷をかばってくれた仲間の年上の人たちに感動と優しさを感じた。自己否定と差別意識で荒んでいた心がいつからか、誰かと心を通わせるということに喜びを覚えていった。

今一度、自分にとっての「運動」とは何かを振り返ると……。体がいうことを聞かない、手足が動かない、そんなことで困っている人たちが大勢いる。だから手を繋いで、まだ自分たちの存在を知らない人たちに対し声を上げ、要求をしていくこと。そして障害者差別がない社会を実現させていくこと。それが障害者運動だと思う。

当時の私はそんな草の根運動的なものを多少は感じながらも、介助者が不足していたこともあって、華やかな中央闘争に目を向けていた。そのほうが楽だからだ。何もないところから自分一人で日取り、時間、場所、仲間を集めるだけでなく、車イスの人がいたらハイエースの手配も必要だ。それに加えて会合の内容まで考えたり、その他いろいろ……、そんなことを毎回毎回繰り返す。転がっているものに乗っかるより、自ら物事を転がしていくほうが大変だ。そんなことは清瀬の自治会や、それ以外のところでも十分理解していた。その大変さは計り知れない。

そして、当時は介助者が欲しいがためにヘルメットを被ったり、座り込みをしたり、機動隊に突っ込んだり……。そういった時代の流れに乗りたかったという思いもあった。大学に出向いてキャンパスで介助者募集のビラを撒くのと同時に、学生たちに障害者運動を一緒にやらないかと誘ったりもした。その頃の話題といえば、成田空港反対闘争やあらゆる差別問題（養護学校義務化など）。あとは、そこの大学の学費値上げ反対闘争などだった。こういった話ができる学生を見つけて介助者になってもらった。そして、社会に対する問題意識や目標を共有したり議論することによって、互いに有意義な時間を過ごすことができたし、心を繋ぎ止めることができた？　と思っている。

そうやってさまざまな運動に足を突っ込んでいったので、自分の生活の他にいろいろと考えなければいけないことが徐々に増えていった。

こういった日々のなかで自分自身が抱えてきた障害者差別は自分のなかで薄れていったのだろう。しかし、自分や他者に対する差別意識というのは、なくなるようなものでもない。だからこそ、自分は障害者なんだということを見つめなおす意味も込め、あらためて障害者運動に関わろうと思った。

全障連運動への参加、巣鴨の事務所へ通う日々

全国障害者解放運動連絡会議（全障連）は全国各地の草の根障害者運動を統合する連絡会としてその当時、全国に四つのブロックを構えていた。その頃、私がリーダーを努めていた「町田在宅友の会」（地域で暮らす地元障害者のコミュニティ）がその全障連に加盟していた。当時は介助者探しや全障連の宣伝のビラ撒きの他は時間があったため、気付けば以前から定期的に顔を出していた全障連の事務所に通い詰めていた。

事務所の所在地は東京都豊島区巣鴨、とげぬき地蔵尊の通称で知られる高岩寺の隣に位置するマンションの一角だった。そこは、全国を四ブロックで分けたうちのひとつ、関東ブロックの事務所だった。そして年に一度、四つのなかから選出されたブロックが全国大会を主催していた。

だいたいこの頃は、一〇時頃に目が覚めて昼に朝食と夕食を兼ねたカップ麺を食べ、テレビを少し眺めた後、一五時頃に巣鴨に出掛けていく。そんな生活が何年か続いていた。巣鴨の事務所では、携帯電話もなかった頃なので電話番をしつつ、事務仕事を交代でやっていた。そして事務所運営のため、二週間に一回の割合で駅等でカンパ活動をおこなっていた。そんなこんなで週に四～五日は都心に出掛けていた。出掛ける時間帯が決まってくると、駅のホームや電車のなかで顔見知りも出てくる。時にはケバいお姉さんに手を振られたりもして、こちらも愛

想良く笑ってみせた。なるほど！　今頃の時間帯がキャバ嬢と生活時間が同じなんだなぁ……と、心の中で独り言を言って納得する。

そして、事務所から帰宅する時間帯は、夜一〇時半に山手線に乗り、新宿で小田急線の各駅停車に乗り換える。車内では疲れ切ったサラリーマンが酒の臭いをプンプンさせながら寄りかかって目をつぶっていた。みんな大変だよなぁ……って、思わず自分もあくびをして介助者のほうを見ると、介助者も疲れ切っている。ここで愛想良く笑っても何だよなぁって思い、下を向いて目をつぶった。そして家に着くのは一二時くらいだった。それから風呂に入り、酒を飲んで寝る。こんな日々が二〜三年続いた。そんな生活であったが、共働学舎にも足を運んでいた。それは、やはり学舎に世話になったときの恩義だったり、また逃げるように出てきた清瀬の施設に対するこだわりであったり、務めだと思っていた。だから一日中家にいることはなかった。あるとすれば、熱が出て具合が悪い時くらいだった。

大家さんから立ち退きをせまられ、南町田へ転居する

引っ越してきて三年ほど経ったある日、大家さんから突然「この場所に新しい賃貸物件を建てたいから立ち退いてほしい」と言われた。

「その代わり、新しい家が出来たときはここにまた入居できるようにするから、それまでの期

間、とりあえず、自分が持っている物件に引っ越して待っていてほしい」とも言われた。それなら、ということで（騙されているかもという警戒心を持ちながらも）了解して、南町田にある一戸建てに一時的に転居するという話で引っ越しをした。同じ町田市とはいえ、ここは一〇メートルも歩けば神奈川県という地であった。東急田園都市線、旧名南町田、現在の南町田グランベリーパークである。駅は小さく、いかにも田舎という感じで、駅を出ると野球場が三つ、駅を囲むよう並んでいた。なんて所に来てしまったんだ……と愕然とした。が、その時は「まぁ、すぐにまた引っ越しするんだし」くらいの気持ちだった。

都心から帰って来るとコンビニで花火と酒を買って、野球場のなかに潜り込んで、花火を振り回しながらベースを一周して遊んだことや、駅の周辺は灯りのない所だったので、雲のない夜は東名のインターチェンジの灯りと、星空がきれいだったことを覚えている。

大家から「とりあえず」と言われ与えられたのは、２Ｋの広さの一軒家だった。

転居先でも、不測の事態に見舞われる

大型倉庫街のなかに建っていた家だったためビル風？が強く、なぜか雷が鳴ることが多かった。時々落雷を受けた。落ちたと同時に家中が光って、畳も光って、自分も感電した。これには何と表現していいかわからないほど、びっくりした。

やっとの思いで運んできたオーディオも、テレビも、一瞬にしてダメになってしまった。車とか家に落雷しても大丈夫と聞いていたから、まさか人の身体にまで電気が通ってくるとは思わなかった。

ある日の事務所からの帰り道、駅から家まで近道をしようということになり、畑の中を横切った。私はこの時すでに電動車椅子だった。

辺りは真っ暗。星が綺麗な夜、畑の中を勢いよく走っていた……。その時、何かの穴に落ちた。なんと私は肥溜めに落ちてしまったのだ。全身糞まみれ。息ができず涙が出るほどの悪臭と大量のハエ。おまけに電動車椅子は糞の沼にハマってしまい、その車椅子と私はベルトで繋がれていた。介助者がすぐさまベルトをナイフで切って、私だけでも引き上げようとしてくれたが、一人の力ではどうにもならない。何とか途中まで引き上げてもらったところで「ちょっと待っていてくれ」と言って介助者は走って公衆電話まで行って消防車を呼んでくれた。

一〇分くらいして消防車が到着して四人掛かりで引き上げてくれた。……までは良かったのだが、引き上げられた私と車椅子は糞尿まみれで最低最悪の状態だった。消防隊に「一体これはどうするのよ?」って言われても（泣）。ちなみに、あまりの惨劇に介助者は本当に泣いていた。そこで、消防車の放水で洗ってもらうことにした。あの水圧のおかげでだいぶ汚れが落ち、糞尿まみれの状態で帰るという最悪の最悪は何とか免れた。しかし糞まみれは凄かった。

何しろ耳の穴まで……。

車椅子のシートは張り替え、身体に付いた悪臭も一週間は取れなかった。

ところで……。いつ新しく建て替えた所に引っ越しできるのかと大家に問い続けてきたが、ちょうど一年が経った頃、突然ヤクザ風の怖いお兄さんたちが現れて、「家のことでこれ以上ガタガタ言われると困るんだよね。こっちもいろいろ考えなきゃいけないからさ、わかるよね?」と脅してきた。

その迫力は確かに凄かった。やはりそうか、騙されたと思ったが、半分はこんなことだろうと思った。〝新しくきれいな物件を作って、きれいに使ってもらって、高い家賃を取る〟ために退去させられたということだ。

悔しかったので何かしてやりたかったが、周りの介助者や知り合いには、「つまらないことで変なのに関わるのはやめて、新しい所を探したほうが良い」と言われた。その助言を聞いて共働学舎の公明に相談したところ、息子名義で持っているマンションを貸してくれるとの提案をもらった。いつもいつも厚かましい。そして今回も世話になることになった。しかし今回はその条件として、共働学舎が社会福祉法人を立ち上げるため公明が忙しくなるので、園長をお前がやれということであった。これはかなりビックリした。この俺が園長? 施設が嫌で! 障害者を管理する施設が嫌いで! それで施設を出てきた俺が、なぜに園長をして、障害者を縛り付けなくちゃいけないのか？　突然そんなこと言われても……。
「それはちょっと考えさせてもらえないか……」
暮れも押し迫る一九八六年のことであった。

全障連全国大会、実行委員長を引き受ける

実は、その翌年の夏に第一二回全障連全国大会が町田で開催される予定となっていて、その大会実行委員長を引き受けたばかりであったのだ。まず、夏までは実行委員長の仕事が忙しくて園長なんて物理的にできない。そして、園長をやるということは（時間がなくなるので）自ずと全障連の活動から手を引くこととなる。

うーん、困った。全障連の友人にこの話をすると「田中さんはずるいな〜」と一言漏らしていた。田中公明といえば障害者運動をやっている障害者ならば、好きであれ嫌いであれ反日共系の障害者運動の集会で一度や二度顔を合わせているはずだ。そこで主張し合っていれば当然、顔も名前も覚える。

話は変わるがこの頃、今まで共に障害者運動を担ってきた先輩や仲間たちが、体調の急変により死に至るケースが多くなってきた。「次はお前らの世代だから頑張れよ」って言われてすぐポックリ逝かれてしまうのだから、気持ちが追い付かない。さらには、その次の世代を共に

託された仲間もが急に逝ってしまう……。

全障連もまた、特別ではない私を実行委員長に選任するとか、人手が足りなくて困っているのはわかるが、私には荷が重かった。先日亡くなった仲間は自分よりも有能だった。本来ならば、その彼のほうが私なんかよりも適任だったはずなのだが……。

こんな自分が、全障連や学舎もそうだし、さらには自分の命も含め、本当にこの先どうなってしまうのだろうと思っただけで息苦しく、目眩を感じることもあった。

しかし、まずは大会の実行委員長に指名されたからには頑張らなくてはいけないという思いであった。そしてそのことを公明にも伝え、「大会が終わった後、もし自分で良ければ園長をやらせてもらう」と伝えた。そして、全障連大会への協力も取り付けることができた。

第二回全障連全国大会

大会準備に奔走する

当時の全障連全国大会は障害者やそれを支える人たちが全国から集まり、その数は三〇〇〇人前後にも達した。そこで各個人、地域の生活のなかで起こったさまざまなことを報告し合って、さらにそれを持ち帰り、障害者一人ひとりの生活に繋げていく、というのがこの大会を開催する目的だった。大会を開催するにあたって町田市役所に協力要請の挨拶をしに行った。当時の市長、大下勝正氏は私が町田街道をバック走法で走っていた頃にガードレールを設置してくれたり、段差を減らしてくれた人であった。そして、今回も協力を惜しまないと約束してくれた。

大会は三日間にわたって開催されるということもあって、宿泊施設は代々木にある国立オリンピックセンターを使用し、大会本会場は町田総合体育館、そして各分科会は町田第一中学校でやることとなった。

一番大変だったのはやはり移動の問題だ。全国から三〇〇〇～四〇〇〇人もの当事者が集まり、介助者も含めると総勢六〇〇〇人にも膨れ上がった。それだけの人数が一気に駅に押し寄せると、駅のなかに入ることも困難なのはもちろん、さらに当時はエレベーターなどはなく階段だったため何千台もの車椅子が立ち往生してしまい階段前を塞いでしまったり、電車も止まってしまったりするほどだ。このようなパニックが例年開催地で起こっていたので、事前に鉄道会社に協力要請の挨拶をしに行った。大会期間中は、鉄道会社も該当する駅に人員を集中配置して車椅子の昇り降りを手伝ってくれた。加えて東京都の都職労や市職労の組合員もボランティアとして携わってくれた。また、開催当日は会場周辺の食事処もパニック状態だった。

いよいよ大会前日、本会場に共働学舎がスロープを作ってくれた。そこで「お前、試しに昇り降りしてみろよ」と言われたので、調子に乗って勢いよくビューっと降りたら車輪が引っかかってしまい、その勢いのまま転げ落ちた。あまりの転がりっぷりだったのでその場は騒然としたが、私は自分の心配よりも明日からの大会の心配で頭が一杯だった。大会前日なのにこんなことが起こってしまい、どうしよう……。私は遠足の前日にはしゃぎすぎて当日熱を出してしまうクチだったので、またここでもそのパターンか？　また皆から疫病神扱いされるのか？　ここでも本番はまたベッドの上なのか？　今までの苦い記憶が蘇り「またか……」と思い、不安でたまらなかった。そしてそのまま私は救急車で運ばれた。

しかし、レントゲンと心電図の結果は「異常なし」ということで、病院での処置は顔にシップを貼ってもらったのみで大事には至らなかった。

大会当日を迎えた

そしてとうとう大会当日がやって来た。全国から障害者が集まってくる。どうなっちゃうんだろう？　数字の上では何となく予想はしていたものの、実際それだけの人が集まって来るとどうなるのか、ということはまったく想像がつかなかった。大会を開催する主催者として、具体的にどう動けばいいのか、ということも手探りの状態であった。

この大会期間、協力を要請したところとしては、学生（東大、中大、早稲田、法政、上智、その他）、労働組合（東京都民生局支部、町田市市職労、教職員組合、その他）など、総勢一〇〇人程のボランティアであった。

この人たちに依頼したことは、国立オリンピックセンターから町田までの移動を支援してもらうことであった。車椅子だけで数千人という人数を支援するのは並大抵なものではない。当時は駅にスロープもエレベーターも設置されていなかったため、車椅子に人を乗せたまま人力で昇り降りしたのである。

たとえば手動車椅子の場合、最低三人で持ち上げなければ駅の階段は上がれない。具体的に説明すると、二人が車椅子の前の方の左右を持ち上げ、後ろの一人がハンドグリップを持ち上げるといった方法だ。

そして電動車椅子の場合、バッテリーやモーターなどの機材を積むことを前提として作ってあるので、手動車椅子のフレームパイプよりも太くて重いものが使われている。乗る人が六〇キロだと想定して、電動車椅子は八〇～一〇〇キロあるので、あわせて一四〇～一六〇キロになる。これは絶対四人以上いなければ階段の昇り降りはできない。といっても、車椅子にはそれほど持てる部分がないので、大概は四人で何とかするしかなかった。

この日、事前の要請通り駅員も増員して手伝ってくれたが、聞いた話によるとあまりの車椅子の数に若い駅員が階段の途中で泣き崩れていたという。

大会実行委員長、開会の挨拶

そしてついに大会が開催されたのであった。

とうとう開会の挨拶をする時がきた。物凄く緊張して壇上に立った。そこで目に飛び込んできたのは人の海。初めて見る景色に圧倒されてしまい思わず全然声が出なくなってしまった。言語障害の影響ですぐに声が出ないのはいつものことなのだが、本当に声が出なくなるということは初めての経験だ。普段一緒に活動している先輩からは「緊張するな」と、緊張した声で言われた。そして、やっとこさっとこ「皆さんこんにちは。全障連一二回大会を開催します」とだけ言って壇上から降りてしまった。本当はもっと、いろいろ携わってくれた人たちの話とかもしようと考えていたのだが全然思うようにいかなかった。そんな、少し心苦しい気持ちを覚えている。

生活分科会に参加する

午後から各委員会が分科会として分けられ、私は生活分科会に参加した。

生活分科会とは、日頃地域で行われている運動や日常の出来事、問題などをどうすれば良いかの道筋を各ブロックで考えたり、報告をしたりするセクションだ。そしてこういった大会においては、各ブロックでやっていることを全ブロックの人が集まる大会という大きい場所で報告し、一緒に考える。そのなかには同じ地域問題を抱えながらも、地域ごとに考え方が違うことから討論が加熱した末、つかみ合いにまで発展してしまい、仲裁に入ったこともある。

全障連はいわば全国各地方、地域で活動している小さな障害者団体の集合体と言ってよい。それが関東ブロック、関西ブロック、四国・九州ブロック、東北ブロックというかたちで細分化される。そして、その各ブロックの事務所では地域で活動している団体の代表者たちが常日頃から集まり、情報を共有し、問題が発生すれば皆でアイディアを出し合って各々の団体へ持ち帰る。そういったプロセスを経て各々が培ってきた経験を広めることはもちろん、なかなか解決に至らない問題、そして今後の方向性などを全国の仲間と年に一度、この大会で皆で顔を合わせて話し合う。

当時の障害者は現在よりも社会的弱者であったが、こうやって一致団結することによってさまざまな困難を乗り越えてきたのだ。当時の全障連の話はまだまだ沢山あって、どれも思い出すたびに懐かしく、自分自身も若く輝いていたなと少し胸が熱くなるものの、残念なことに当時の仲間のほとんどは旅立ってしまった。そのことも同時に頭を過るので、懐かしさの後に寂しさが襲い……、何とも複雑な気持ちになってしまう。

駆けずり回った三日間、そして閉会へ

大会は三日間にわたって開催された。開催期間中、私が陣取っていたのは事務局室、確かそんな部屋だった。〝ちょっと偉くなった気分〟だ。

その部屋は大会のすべてを把握していなければならないところで、宿泊状況をはじめ青少年センターから町田駅までの移動、ボランティアの動きや配置なども考えて指示を出していた。

予想外に困ったこともある。突然人数が増えて宿泊できないとか、酔っ払いが飲み屋でごねていたりすると本当に面倒だった。この夏の三日間は会場の中でも外でもとにかく大変だった。

汗にまみれて駆けずり回っているうちに気がつけばもう最終日となっていた。

そして閉会式でも壇上に上がって閉会の言葉を述べた。緊張はしたものの開会式の時とは違って、自分の伝えたかったことは言えたと思う。この時、やり切ったという気持ちがこみ上げてきた。そして大会は無事閉幕したのである。

大会実行委員長という、それまでの自分では考えもしなかったような大役を命じられ、それを何とかやり切れたことで今後の自信に繋がったように思えた。さらに新たな発見として、自分には裏方仕事が似合うような気がした。私は大会委員長という大役を任されたが、本当はもっと細かい作業が好きだった。たとえば大会会場の椅子の数を揃えるとか、送迎のことを考えるとか、食事のことを考えるとか、そういったあまり他の人間が考えないおもてなしを細かくできればよかった。このあたりで大会の話は終わりにしよう。

共働学舎の園長になる

「全障連大会が終わったら園長をやる」と、何となくその場で口約束をしてしまったことが、とうとう現実となる日が来てしまった。共働学舎のスタッフが大会会場の仮設スロープ設置を気持ちよく引き受けてくれたこともあって、余計に断りきれなくなり仕方なく引き受けるかたちとなった。

北療・北養護に入所していた頃、〝園長〟という職務はいったい何を毎日毎日しているんだろうという疑問を抱いていた。

その他の職員たちは自分たち（入所者）を介助しつつ、施設の一日を正常に回していく。それは役職によって役割分担はあるが、各々何をしているのか目で見てわかる。しかし園長という職務の人は毎日見ていても何をしているのかわからなかった。

とにかく他の職員たちと同じ時間帯に来て、園長室という部屋にいたという記憶と、タバコをふかしていたことぐらい。あとは私が二〇歳前後の頃、女子職員の尻を追いかけていたときに「いい加減にしろ！」と叱られたことがあったくらいで、園長という職務、ひいては園長とは何者なのか？　そんな疑問がつきまとって……。そんなことを悶々と思いつつも仕方なく園長という役目を引き受けたのだった。

園長という役職は「管理職」だと聞いていた。そして、ついに学舎理事会において園長になることが承認された。

ちなみに、あの辺鄙な南町田から、公明が息子名義で買った森野（町田駅近）にある東海町田マンションへ引っ越したことを報告しなければならない。当時そのことについて介助者たちからは「だから藤沢さんは公明さんから自立ができない」と罵声を浴びせられたり、笑顔で握手されたり、飲み会の夜は更けていった。その頃は介助者も「公明＝学舎」と慣れ親しんでいた面もあって、冗談が通じるところもあった。

その頃は夜飲み歩いたりカラオケに行ったり、いわゆる夜遊びをしたかった。森野に家があれば仕事から帰って来てから、町田駅周辺へ繰り出せるという安易な考えがあった。そういったことも園長を引き受けた理由のひとつだった。

六畳間の園長室

そしていよいよ園長として初出勤の日がやってきた。

建築現場の事務所のようなグチャグチャドロドロの所で自分に何ができるんだろう。当時の共働学舎はまだ社会福祉法人の認可を受けておらず、無認可の頃だ。園生と呼ばれる利用者は五～六人で、皆そこに住んでいた。「今日からよろしく」と告げると、向こうからも「よろしく」と返ってきた。学舎に初めて来た八〇年頃は、鉄骨で組んだその上にプレハブの部屋が乗っかっていただけだったが、この頃になると一階にも部屋が増築してあった。間取りはＬＤとトイレと洗面所と浴室。加えて事務所、そして各利用者の居室（一人六畳）となっていた。とりあえず私が詰めている場所は事務所だった。事務所といっても六畳間に事務机三つと二段三連の事務用ロッカー、そして五・五インチフロッピーの昔懐かしいコンピュータ、そして事務をする人。もうそうなってくるとドアも閉められない状態で、車椅子のハブタイヤの後ろが廊下にはみ出してしまい、それが邪魔になっていた。介助者はというと、座るスペースどころではなく、廊下で立って待機してもらうしかなかった。

授産作業

公明とアルバイト二～三名で障害者介助や授産作業の手伝いをやっていた。

当時の作業は、障害者による誕生カード・クリスマスカード・絵はがきなどのカード作りやクッキーなどのお菓子作り、廃品の回収、飲料水の空き缶・空きビンの仕分けしたものを買い取ってもらうこと、病院から買い取ったレントゲン写真の使用済み定着液から電気分解して採れた純度九〇パーセント以上とされる銀を売る、といったものだった。そして、私の知る限りでは、祭りや時々のイベントでビール・焼き鳥・焼きそばなどの店を出すこともあった。いろいろあるなかでも主な仕事は、自販機の横にあるリサイクルボックスから回収してきた空容器を分類し、それを売ることだった。

これは利用者の普段の光景だ。そして私自身の気持ちはというと、やり甲斐や目標など、これといって何もなかった。とにかく、朝の一〇時頃に出勤してきて利用者が寝静まる二三時頃まで勤務すること。園長は私だというのに園生と職員が夜勤をするように勝手に決められていた。公明も大喜びで手を叩いていた。夜勤は週二回、夜の二〇時に始まり次の日の夜の二〇時まで。夜勤ですることは決められていて、利用者のトイレ時に起こすこと、そして朝に職員がいないときの朝食作りも夜勤の仕事だった。

食事づくり

私も必然的に作らなければならなかった。手足となるのは当然横にいる介助者で、「藤沢の介助に来ているだけなのに、なぜ他の人の食事を作らなきゃいけないんだよ……」とぼやく声もあった。当時は厨房専門の職員がいなかったので、食事は毎回職員が交代して作っていた。

いちどに一〇人近くの食事を作らなければならなかったので、すごく大変だった。たとえば、玉ねぎの皮をむいて細かく切るなどの作業は時間がかかる。しかも他の具材と混ぜ合わせると物凄い量になってしまうし、味付けなども難しい。普段からそれに携わっている人たちに感謝をしたい。

話は戻って、学舎は施設とはいえ当時は大家族みたいな雰囲気だったから家風みたいなものがあって、みそ汁はかつおだしではダメで煮干しでなければならなかった。そのため、前の晩から鍋に水を張って煮干しを入れてだしを取っていた。多く作った料理は卵料理だった。キャベツを千切りにしてフライパンで炒め、塩コショウで味つけし、その上から卵を落とすというものだった。この料理はまあまあだった。これに見栄えを変えて、卵を落とす前にベーコンを並べてその上に卵を落としても立派な朝食のおかずになった。頑張ってメニューをひねり出してきたが、次第に何を作っていいのかわからなくなってしまった。そんな時、シリアルと牛乳と食器を並べて置いた。その時は公明の奥さんにもの凄く怒られた。食事作りはとても大変なものだった。あらためて、作ってくれる人に感謝したい！

ボイラー作業

学舎ではできる限り自分たちの手でおこなうから、当時の桜ヶ丘共働学舎は大きなボイラーに自ら火を入れその熱で普段は給湯したり、お風呂に使っていた。そして冬は床暖房などにも利用した。当時はお風呂を沸かすのが園長の日々の日課となっていた。まず、その日課は一本の電話から始まる。なぜボイラーに火を入れることが電話から始まるのかというと、燃料となる木材は木造住宅を解体して手に入れていたからだ。一軒家が解体されるという一報を受けたら、バール片手にトラック二台で解体現場に乗り込んでいった。そこで積められる限りの廃材を積んで帰って来るのだ。

学舎に到着した後は、廃材のなかでもサイズが大きいものをチェーンソーや丸ノコで切るという作業が待っている。そして、それが終わるといよいよ新聞紙に種火を点けてボイラーを立ち上げる。三〇分ぐらい経つと、真っ黒のボイラーが命あるようにドドメ色に膨れ上がって、煙突から火を噴く。夏は汗まみれの地獄だ。熱中症になってもおかしくない。逆に冬はそこにいるだけで心地良い。各部屋の床暖房も暖かかった。そんなことを繰り返していた。

その間、家を（廃材であるが）何軒燃やしたのだろう。また廃タイヤも燃やした。タイヤはよく燃えるのだが、燃やすと大量の黒い煙がモクモクと上がって周辺の住宅に干してある洗濯物を黒く染めてしまうのだ。もちろん苦情が入ったが、「すいませんねぇ」とニコニコ謝りつつ、風向きを気にしながら燃やし続けた。たまにボイラーの調子が悪くて、ちゃんとお湯を回してくれないときがあると、本当に寒くて凍えそうだった。

ジュースの詰め替え

また、よくやったことで覚えているのは、自販機のジュースの詰め替えだった。学舎は当時から自販機を各建設現場等に置かせてもらい、詰め替えの作業をしてきた。だから、ジュースの詰め替えや代金の回収をして回らなければならなかった。私もまたトラックの助手席に座って一緒に行動した。真冬の夜に、建築現場のなかでジュースの詰め替えをするのは暗くて寒くて寂しいし、ガチャガチャという音だけが誰もいない建築現場に鳴り響いて不気味だった。思い出すのはそんなきつい仕事ばかりだ。

慰安旅行

そんなことを言いつつ、知らない人が聞けば羨むこともあった。それは海外旅行である。学舎はリサイクル作業を主流として日々を送っているが、作業の内容は人が嫌う内容だったりする。しかし、そのリサイクル作業が高収入であることから、普段あまり外に出られない生活をしている園生のために、当時から慰安も兼ねて海外旅行に行き始めた。私が行った国は、フィリピン、モルディブ、ギリシャ、フランス、エジプト、タイ、香港、アメリカ・ロサンゼルス・ニューヨーク……等々。特にニューヨークに着いた時はちょうどクリスマスで、現地の教会で地元の人たちとクリスマスを過ごした。他にはジョン・レノンが住んでいた家（有名な射

殺された現場）の前まで行ったり、拳銃屋を見たり。タイのパタヤビーチではホテルの可愛いスタッフに「ヨシトモカワイイ」ともてはやされた。

もちろんトラブルもあった。園生一人が帰りの飛行機でコレラの感染を疑われ、帰国して解散した後に公明から「感染を広げないためにも今いる介助者とマンツーマンで過ごすように」との指示があった。旅行のあいだ一〇日間にわたり二四時間付きっきりだったので、私も介助者も〝やっと解放される〟と思った矢先、〝ここからさらに延長してまた何日も？〟と二人とも愕然としたことを覚えている。結局、すぐにコレラではないことがわかったのだが、あの時はお互い顔を見合わせ絶望した。

国内旅行にも行き、沖縄でスキューバダイビングをした。その時の面白エピソードがある。

初めてのダイビングなのにもかかわらず、いきなり公明に引っ張られて水深数メートルの深さまで潜った私は、大パニック。何が何だかわからず、そこで……大便を漏らしてしまった。慌てて介助者が水着を脱がせ、辺り一面に便が放出されたその時、小魚の大群が押し寄せハイエナのように便を食らっていったのだ。ほんの少しのあいだで辺りは透明な海に戻っていた。また、横に介助者が付き添っていて、介助者も私の大便まみれになってしまったが、小魚たちが介助者のことも綺麗にしてくれた。メデタシメデタシ。

そもそも北療時代、訓練時間にプールに落とされたリハビリがあった。その訓練の後は味噌汁を見ただけで水への恐怖で目眩がした。

夜遊びもできす……

話は少し変わるが、せっかく南町田から駅前の森野地区に引っ越して夜遊びができると思ったのに、そんなことはできなかった。帰るのは二三～二四時。風呂に入って酒をちょっと呑んで、次の日は起きてすぐ学舎に向かう。

しかし、学舎に一〇時半頃に着くと公明に「園長たる者がこんな時間に来て務まると思ってるのか！」と怒鳴られた。そして他の利用者・職員たちからも「そうだ！　そうだ！」と攻撃をされた。「ごめんね～！」と言いながら、心の奥底では「なんだよ！　公明のバカ野郎！　人に強引に園長なんてやらせて、自分は毎日山の中で竹を切ったり、建設現場へアルバイトをしに行きやがって！　そんなことをするのだったら、自分が園長をやっていればいいじゃないか！」と、思っていた。

学舎の事業は拡大するものの……

この頃公明は、他の職員に学舎の仕事とは別に副業をやらせようと勧めていた。その理由として、施設とは閉鎖的な所であり、福祉施設などの世界しか知らない者は良い職員にはなれないからだと言っていた。「施設は閉鎖的な所だから職員は積極的に外部との関係を持つことが重要だ」、そして「施設のなかをもっと風通しの良い場所にしていかなければいけない」というのが公明の力説する理想の職員像であった。

当時、学舎が社会福祉法人認可を取って間もない頃だったため、学舎の運営のために公明は建物のコーキングのアルバイトをしていた。コーキングとは、建物の気密性や防水性の向上を目的として隙間に目地材などを充填する作業だ。そういうアルバイトをしていたため、建築現場での話を引き合いにしていろいろと説教された。本来、私の出勤時間は九時だったのだが、その時間は私にとって早過ぎたので半ば強引に一〇時の出勤にしていた。それを公明に見つかるたびに怒られていたのだ。他の職員に見つかっても「うるせぇバーカ」で済ませていたが、子どもの頃からの付き合いでいろいろ教えてくれたり助けてきてくれた恩人なので、どうも公明には頭が上がらない。そんな人だから、言いたいことがあってもつい謝ってしまう。

園長としての仕事は何か？

話を戻して、一〇時から動き始めるというのは普通で考えれば遅いのかもしれない。とはいえ、いろんな人たちがいて、それぞれの生活がある。公明からは、社会生活をするためにも九時から出てこいと言われていたが、一〇時に動き出すことが必ずしもおかしいとは言い切れない。

私には園長としての立場や、仕事とは何かとか、そういうところのビジョンをどうしても明確に持てなかった。公明に何度となく〝園長として何をすればいいのか〟と尋ねた。それに対して公明は「園生のためになることをしろ。それがお前の仕事だ」と。そして、「お前も清瀬時代は園生だったし、障害者なのだから何をやってほしいかわかるだろう！」と、当然のように言われていた。

私が自身の経験から思うことは、職員が余裕をもって十分に園生の生活を支える体制を作ること。散歩に行きたいとか、園生のちょっとした要望にまで手をまわすこと。そういったところだ。しかし私の考えだけではいけないと思い、園生たちからも作業と日常生活の要望を聞いていた。ちょうどその頃、学舎は新しい小野路共働学舎の建設を始めた時期でもあった。

そして、園長の辞任

私が園長を辞任する原因となる事件が起きた。学舎の上手くいかない運営に対するストレスがひとつの事件を起こしてしまった。それは、公明があまりにも勝手に職員を自分の私的なことにまで使うので、桜ヶ丘の園生たちの生活が回らなくなってきた。その背景にあったのが小野路共働学舎の建設で、その建設現場で職員を使われてしまっていたので、園生たちの作業、食事、風呂等々、生活がままならない状態になってしまったのである。職員たちも「自分は建設現場で働きに来たのではない」と怒り心頭だ。それでもお構いなしに職員を使おうとするので、ついに職員全員で反乱を起こして、公明が入ってこないように桜ヶ丘から締め出した。そして、「桜ヶ丘の職員は建設現場に出さない」と、園長として私が公明に告げた。でも、これは仕方がなかった。あのままだと園生の生活を守れなかったからである。それは皮肉にも、公明から言われた〝園生のため〟にした行動であった。

これを境に公明と冷戦状態となり、次第に職員のほうが精神的にも肉体的にも参ってしまって、職員は数か月のうちに辞めていった。そして私も園長を辞任したのだった。

一九八九年秋のことであった。

再起か、それとも何もない生活か

まずは家探しから

朝起きて、これからどうしようかと考えた……。そして引っ越しもしなければいけないと思い付いた〝アパート探し〟。一から探すのか……。しょうがねぇ、共働学舎を辞めた以上ここには居られない。一言も出ていけとは言われていないし、急かされているわけでもない。しかし、やはりこちらのけじめとして〝辞めたのだから〟という気持ちと、〝今は辞めたばかりだから少しゆっくりしたい〟という気持ちが交錯していた。そんなことを脳裏で繰りかえしながら家探しを始めた。

今回は、そもそも町田駅前に住んでいたので前に家を探し回っていた頃と違って電車を乗り継ぎ一日かけて……、なんてことはなかった。それがあって、だいぶ余裕をもって探すことができた。相変わらず公明からも出ていけと急かされることもなかったのでルーズに探していたら結局、引っ越し先が見つかったのは一年後であった。今思い返すと、公明の優しさにいつも甘えてばかりだなと思う。それは今もおなじかもしれないが……。

車椅子でなおかつ家のなかでも介助が必要ということもあるので、単身の人が住むような物件だとスペースが足りず、家具諸々も入れると２ＤＫぐらいの広さは最低でも必要だった。その条件に見合う物件が、少し家賃は高いが原町田に見つかり、大家さんも車椅子での生活を了解しているという話をもらったので、そこに引っ越すことにした。

ヘルパー制度をつかう

当時はヘルパー制度が始まる少し前の時期で、相変わらずボランティアと自薦ヘルパーに介助をお願いしていた。しかし、自薦ヘルパー（アルバイト）の拡大など、少しずつ介助体制が変わりつつあった。そして自薦も一人から二人へと増えていった。

そのなかで最も遺憾な出来事が起きてしまった。それは、新しく自薦で入ってきた男性ヘルパーが新宿で声を掛けた家出少女を町田まで連れてきて、私の家を使って生活し始めてしまったのだ。もちろん私は知らなかった。要するに、２ＤＫの部屋には常に私のいる部屋の他に介助者部屋と称する部屋があって、クローゼットで仕切られていた。その反対側の部屋にこっそり匿っていたのだ。交代の介助者が来た時は一緒に出て行って、自身が介助の時にはその子を同伴させて一緒にそこで過ごしていたらしい。そのことが発覚したのは、私が自分の洗濯をして角ハンガーを使おうとしたときのことだ。女物のパンティーが引っかかっていたのだ。ビックリして介助者部屋に入ってみると、長い髪の毛が落ちているし、畳んである布団からはシミが付いたシーツも出てきた。そのとき一緒にいた介助者からはこっちが疑われたが、私としては寝耳に水というか……、こっちの身体が不自由なのを良いことに人の家で勝手に好き放題しやがってと怒りがこみ上げてきた。それと同時に〝障害者の自立生活なんて……〟そんな気持ちになった。そして翌日、介助に来た彼に対してパンティーを突き付けて、辞めてもらいたいということを伝え、その場で出て行ってもらった。心の底に潜む悪魔が〝なるほど〟と呟いたのである。しかし、こんな人の弱みにつけこむようなことは絶対あってはならない。

何かを始めなければ……

そんなこんなで学舎を辞めてから一年くらい経った。その間、特にこれといったこともなく、ただ何となく日々が過ぎ去っていった。そろそろ自分のために何かしなければならないという、何とも言えない焦りが出てきた。それは介助者と二四時間暮らしているなかで、常に介助者に見られているという強迫観念、つまり自分の生き方のすべてをさらし、介助者と共に自分の暮らしをつくっていけるかどうかという危機感だ。「共に過ごす時間をどれだけ有意義なものにできるかが、最もお互いを繋ぎ止めるものだ」と感じてきたゆえに、このままダラダラしていてはいけない。本当に何かしなければヤバイ！　危機感を感じた。

当時車椅子メーカーの営業マンに友達がいて、その紹介で車椅子の営業や福祉用具の販売を手伝うことになった。自分で独自のルートをつくり、販売客などを探していかなければならなかった。そのため、以前入所していた清瀬には市内に病院や施設が沢山あったので、そういったリハビリ関係者の伝手を頼って販売ルートを広げていったりした。伝手を頼ってとはいっても、その先の人が福祉関係だからといって皆いい人とは限らない。ある病院に車椅子の修理に行ったところ「おたくみたいな重度障害者が寸法とか図面をちゃんと書いて工場で作れるのか？　悪いけどおたくみたいな営業マンに仕事は頼めないから、他の人を寄越してくれ」と言われることもあった。その時はものすごく頭にきた。しかしなぜか「すみませんでした。他の者を寄越します」と告げて出てきた。

すごく悔しく悲しかった。そんなことを思い出す。やはり手足が利かない、介助者がつきっきりだと他人からの信頼度が浅くなってしまう……。

どんなに頑張っても報われはしなかった。それならまた全障連に戻ろうかと思ったが、なぜか戻ることはできなかった。それは全障連の仲の良い仲間が相次いで二名も亡くなったからだ。

一人は事故である。

一人は風呂で介助者と滑ってひっくり返って頭を強打し、搬送されたが帰らぬ人となってしまった。もう一人は酒の飲みすぎで肝臓を壊し、入退院を繰り返して帰らぬ人となってしまった。そんなことが度重なって戻りづらくなった。〝しんどいなぁ〜〟というのが本音だった。

友達がこの世から消えてしまうのは、こんなに辛いことだったのか。そんなことは清瀬時代からあったことなのに、やはり清瀬とは違うものを感じた。一人で世間という大海原を渡る。そんな自分を想像すると頑張る気にもなるが、どうしようもない不安に押しつぶされそうな時もある。そんな時、施設から飛び出たことの意味を痛感するのである。

危うい橋を渡ってきた日々を振り返る

あらためて振り返って考えてみると、綱渡りの日々であった。もし、まったく介助者が見つからなかったら？　介助者全員が急に辞めてしまったら？　住む家が見つからなかったら？　考えたら恐ろしいことばかりだ。もちろん死に物狂いで頑張ったが、それに結果がついてきたのは本当に運が良かっただけのことだ。

施設にいれば、どんなにわがままを言って職員に嫌われても水は飲ませてもらえるし、ご飯も食べられる。何もしなくとも生きていることだけはできるし、屋根の下で寝られるのだ。しかし、何の保証もなかったこの時代、障害者の自立生活は自分の心ひとつで人（介助者）を繋ぎ止め、危うい橋を渡っていかなければならなかったのだ。そんなことを思うと、やはり自分の芯を貫き通すということは、聞こえはいいが時に自分自身の生活や生命を脅かすことになりかねない。

これからどのくらい続けられるのかわからないこの生活のなかで、突き進むことが多かったこれまでとは違い、これからは耐えることで守っていかなければならないものもある……。平たく言えば、もっと大人にならなければいけないなと思った。そして、今までさほど自分の言動は気にしていなかったが、ＴＰＯをわきまえるよう気をつけるようになった。生活のなかにオン／オフのメリハリをつけていくことで、新しい生活や仕事など、まったく違うものが見えるのではないかと思った。

たとえば、これまでは仕事のときも普段着のＧパン姿のままだったが、仕事のときはなるべくスーツ姿でいるよう心掛けたり、どこかに出掛けるときはちゃんと身に着けるものに気を遣った。起きてからずっとパジャマ姿でいるのもやめた。定期的に散髪したり、多少面倒でもきちんとお風呂に入ったり、身なりに気を遣った。一人暮らしのなかでだらしなくなりがちだったが、まずはそういったところから始めていった。

福祉用具販売会社で働く

仕事のほうは相変わらずイマイチだったが、職場にも少しずつ溶け込んでいけた。そこで気になってくるのは仕事量の差であった。福祉用具を販売する会社だったので、車椅子の販売代理店も当然やっていた。当時、オーダーメイド車椅子を扱う営業マンが六〜七人いて、そのなかでトップのやり手にもなると月に四〇台もの車椅子の受注を取ってくるのだ。当然その人は物凄く稼いでいた。そしてその人は中途障害者でもあった。自分のなかでは〝障害者といっても手は効くし、言語障害もないのだから、そりゃ上手くやれるだろうよ〟と思っていた。しかし、彼よりも優位なことがこの私にもあった。〝彼はチンポが勃たないが、私は勃つのである〟。そんなことを言ったら、障害者が障害者を差別することになってしまうのであるが……。そんなことを思いながらいつも彼のことを上目遣いで睨んでいた。そんな私は、彼みたいに数十万の車椅子のオーダーを取って来るのではなく、修理をメインにしたポジションを会社のなかで確立していきたかったが、修理では全然儲けにはならない。

ニーズに合わせた福祉用具をつくる

重度障害者にとって車椅子は生活に密着した道具だ。まずは移動手段としての足となるが、それ以外にも椅子として使うこともあるし、時には車椅子にテーブルを付けてさまざまなことをこなすこともある。食事をしたり、本を読んだり、さまざまなことをするのであるが、そういったことをするときの専用テーブルを付けなければならない人たちのために、一人ひとりの身体やニーズに応じたテーブルをオーダーメイドで作るのだ。

車椅子とテーブルを繋げるための金具の既製品はない。私が知る限りではそのつど寸法を測って、金属のパイプを切って曲げて溶接し、車椅子の決められた場所に穴を開けてビス止めをして、ようやくテーブルが取り付けられる。そこに付けるテーブルだって、その人の身体や用途に合わせて設計し、その人の車椅子に付けられるように寸法をとって、また金属を曲げて伸ばして削って穴を開けて作る。そうやってあれこれと苦労をしてこの世にひとつしかない物を作る。なかなかそのような苦労を周りの人たちは理解してくれなくて、二〇〇〇円くらい？などと好き勝手に言ってくる。ドリンクホルダーや灰皿などを車椅子に付けてくれと要求されて困ったこともある。「これを付けたい」と、アクセサリー車に付けるような可愛いものを持ってくる。だが、そういったものは使い勝手が悪く、直接テーブルに固定できないものもある。そういうものでも工場で手を加えて使えるようにした。そして、うちの会社で新規の車椅子の作成を依頼してくれることを期待して工賃はサービスした。優しい職人さんが「儲からない仕事は持って来るなよ〜！」と笑いながら言っていた。福祉用具は利用者の身体に合わせ、その人が使える物を作っていく。そして、手間と工夫を重ねて完成させていくものが多く、そこには難しさと奥深さがある。

余談ではあるが、この会社に入って一年くらい経った頃、公明から共働学舎の車椅子用トイレに手すりを付けてほしいとの依頼をうけた。まあ、「付けてほしい」と言うより、どちらかと言うと「ちゃんとやってみろ。そうしたら認めてやる」といったニュアンスだったが……。この当時、開設を予定していた施設は、地下二階、地上五階で車椅子用トイレが各階に一か所ずつあった。手すりの素材はスチール等が加工のしやすさでは良かったが、硬くて扱いにくいけれど耐食性があるステンレスにしようと決めた。苦労して加工していた職人さんの顔が今でも浮かぶ。この仕事で施設などを回り、仕事を貰うなかでさまざまな人たちから優しさと期待感と厳しさを教わった。

自分の居場所は自分でつくる?

同じことを同じようにやるのでも、趣味でやるのとそれを仕事とするのではまったく違う。福祉用具の販売や修理、それに障害者の作業所も兼ねているその工房（会社）に顔を出していて感じたことは、皆優しくしてくれたけれどここには自分の居場所がないと感じたことだ。学舎も含め工房の人たちも何かと気をつかってくれて温もりもあったが、根無し草の自分が浮いているように思えた。自分の居場所を、人に頼るのではなく自分でつくらなければならない。そして自分にできる新しいことを考えようと思ったのである。

障害者専門のデリヘル

福祉用具の仕事から離れて、また前のような生活に戻ってしまったが、ひとつ余談を話そう。

暇にまかせて町田の商店街をぶらついていると、通りすがりにビラをもらった。どうせ居酒屋かキャバクラのチラシだと思いきや、それがなんと障害者専門のデリヘルのチラシであった。何だこれ……と思って捨てようとしたが結局、大事に持って帰ってきた。気にしながら取っておくのも何だと思って、電話をして呼んでみた。電話は掛かり、何だかんだ話をしているうちにお店は板橋にあることがわかった。そして、これから来る来ないという話になり、結局のところ来てもらうこととなった。

これから一時間半後に駅で待ち合わせという話でまとまり、ルンルン気分で駅で待っていた。そして、もうそろそろ来るかなと思っていたその時……！　斜め後方から「そこで何やってんだお前は！」と、母と妹が駆け寄ってきた。私は咄嗟に「これから出かけるから人を待っている。そっちこそ何やってんだ」と返した。「夕飯の買い物をデパ地下で買ってきてこれから帰るところだよ」と言いながら母は買ってきたばかりの物をその場に並べ始めた。通行人も覗きながら過ぎていく。私は焦って「こんな場所で広げるな！」とキツく言うのだが、そんなことはお構いなしに次々と広げていく。妹は私が形相を変えて止めることを不審に思い「お兄ちゃんなんだかおかしい。何ドギマギしてんのよ？」と言いつつ臭いを嗅ぐように私を見つめ、その後「なんとなくわかってきた」と……。

私はその二人の行為に眩暈がしそうになった。今、誰よりも会いたくない人に会ってしまい、なかなか離れてくれないのである。ところで彼女はどこにいるんだろう……。〝ヘルパー〟はどこにいるんだろう……。

結局女の子は遠くから見守ってくれていて、私は一部始終を見られていたのであった。ヘルパーはヘルパーで周囲の通行人に紛れて母親たちとのやりとりをニコニコしながら見守っていたという。結局、彼女とは上手く事を運ぶことができた。

歌舞伎町でのアルバイト

そしてもうひとつの余談。こんな風にブラブラしつつ、昔友達だった奴と酒を飲んだ時に誘われた話がある。誘われたと言うよりも頼まれたと言ったほうが良いかもしれない。話によると、新宿の歌舞伎町で二か月くらいアルバイトをしないかということであった。

何のアルバイトか尋ねると、パンティー屋ということであった。また変なことを言い出したなと怪訝に思っていると、友達は「そうだよ。パンティー屋だよ」と笑いながら言った。二〇年ちょっと前の話だからその後の歌舞伎町の再開発もあって、多分その場所に今行ってもわからないと思うが、当時パンティーを売っていたところはラーメン屋か一杯飲み屋の後を改装したところで、そこに鏡を貼って立体感を持たせ、毛羽立つような明るさだった。

パンティーはどこから買い付けて来るのかと聞いたら、韓国まで買い付けに行くとのことだ。韓国には夜のお仕事専門の卸業者があって、そこからいろいろ買い付けて来るらしい。買い付けて来たものを見せてもらったことがあるが、ミカン箱にぎっしりとパンティーがグチャグチャになったまま詰まっていた。見ただけではパンティーとは思えないほどだった。お金も欲しかったこともあって、その話に乗ることを決めた。

まずは店舗に行って掃除、そして商品の飾り付け。ちょっとしたブティック調にしなければならない。パンティーの他に女物の毛皮のコート、バッグ、靴などもあった。どれもこれもホントかよという値段がついていた。当時はこんな金額、他では見たこともない。ビックリして、本当にこんなのを自分が売るのかと思うと怖くなった。まあ、とりあえず大丈夫だからやってみろと言われ、そしてその友達はさっさと海外に行ってしまった。

どういう風に売ればいいのか、とにかく不安でしょうがなかった。何が起きても知らないぞと思いながら、店を開けることにした。店を開けるのは一八時ごろ、それまでに行って掃除をして、前の晩の売り上げを計算して、コンビニで何かを買って食べて……。あとは店を開けるだけ。開けたらすぐに誰かが来るわけでもない。一九時くらいから、お姉さんたちが徐々に品物を漁りに来る。あーだこーだ、こんなものあんなもの言われると、裏の倉庫に行ってよくわからないながらそれらしいものを引っ張り出してくる。

こんな店はここだけではなく当時四軒くらいあった。他店と比べながら、文句を言われ「安くしなさい」と詰められ、物によってはまけることもあった。しかし、客の人柄をみて優しそうな人には言われずともサービスすることもあった。とにかく物の価値があんまりよくわからないから、どれだけまけていいのか悪いのか、そんな判断もできないまま知り合いに店を任されたのだ。

歌舞伎町という土地柄、酔っ払いはもちろんのこと、いろいろな人が来店した。夜も更けてくると、客層も変わって男女同伴で入って来る。おそらくキャバ嬢とお客さんの関係なのだろう。お店が終わってから違う所に繰り出すのか……。支払うのは男性で、ネックレスやら靴、コート等、もちろんパンティーもみんなほとんどカード決済で楽だった思い出がある。

だが、そんな客ばかりではない。警察や、ヤクザも頻繁に来店した。二〇年前だから、みかじめ料というものがギリギリあった時代だ。たまにヤクザの若い人が来て「最近調子はどうよ？」と。私は「ぼちぼちです」と言いつつ売り上げ金から四～五万渡す。まったく渡さないと面倒くさいことになるから仕方なかったのだ。そんなこんなで、手探りではあったが、約束通り二か月分のお小遣いをしっかりと頂いた。

第5章

起業へ、そして茨の道は続く

ＮＰＯ法人福祉開発研究センターを設立する

そしてまた、何もない生活に戻ってしまった。自分は何かにつかまっていないと千切れ雲のような生活しかできないのかな、と思った。しかし何かしないといけないという使命感だけは先走っていった。

そんなことを考えながら、無性に施設の仲間に会いたいと思い、清瀬や自治会の付き合いがあった他の施設の仲間に会いに行くことにした。交流は何回かあったが、会ってお互い元気だという話の種もすぐに尽き、何か共通点のひとつでも見つけようということで話をしていくなか、福祉用具の話題で盛り上がった。最初は月二回の集まりだった。参加メンバーが入所している四か所の施設を皆で回りながら、毎回、会議の終わりに次の場所と日時とテーマを決めて解散していた。

テーマは福祉用具。自分の興味のあるものを調べて発表する。電動車椅子、リフト、ダッチワイフ、車椅子、住宅リフォーム、トイレ、自動車、風呂、食器、パソコン……。そして、やはり自分たちで発表したものを形にしてみたいという思いを語り合う。とはいえ、資金がなければ何もできない、ということがやっとわかってきた。ではどうすればいいのかという話になった。空想で終わってしまうか、それとも実現させるのか。たとえば企業に提案して形にしてもらう。しかし、私たちが思い付いたそのぐらいのことは企業だって考えているだろう。そう思うと行き詰まってしまう。そんな話をしている頃、国会ではＮＰＯ法が可決されようとしていた。

起業の強い味方、ＮＰＯ法

ＮＰＯ法が成立するまでは、公益・非営利の活動をおこなう団体は、民法に基づいて社団法人や財団法人といった法人格を取得することはできた。しかし普通、社団や財団になるには、かなりの財産と活動実績、さらには主務官庁による認可が必要で、また法人になった後も主務官庁による厳しい監督の下で活動しなくてはならず、多くの団体にとって使いにくい制度となっていた。

その翌年の一九九八年、ＮＰＯ法が国会で制定され、サークル団体で初期経費０円でもＮＰＯ法人として活動できることになった。そして我々の「福祉開発研究センター」もＮＰＯ法人取得に向けて動き出した。まず必要書類が一〇〇ページを超えることに驚き、思わず悲鳴を上げた。書類を積み重ねると電話帳の厚さを優に超えたのを覚えている。そして、その一ページ一ページを作っていかなくてはいけないと思うと溜息が出た。これらの書類を都庁に持っていき、書類の出来栄えについて意見を聞くということを数回繰り返し、二～三か月ほど経って認可が下り、やっと登記されたのを覚えている。

いよいよNPO法人が始動する

そして、東京都から認可を受けてＮＰＯ法人「福祉開発研究センター」は在宅障害者の自立生活を支援するための団体として登記を受けた。だが、ヘルパー事業所としての委託認可、すなわち町田市福祉課による事業委託認可が遅れていた。福祉課は、府中闘争や全障連大会などに取り組んできた私をよく知っていたため、私のことをうるさい存在だとみていたのかもしれないし、あまり相手にもしたくなかったのかもしれない。私としては、あまり揉めたくもなかったので、下手に出て根気強く交渉を重ね、ようやく事業委託の認可をうけることができた。

法人認可を受けるより前に事務所は開設してしまっていた。最初は自分のところの空き部屋。次に私としては一日も早く店舗スペースを借りて事務所を構えたかったため、小さな物件を借りてスタートした。

スタート時の職員は、私のヘルパー二名と、そして求人に応募して来た人たち。そこで最初に困ったことは職員たちの給与関係だった。何時、どのくらい支払うべきなのかという言葉ばかりが付きまとうため、職員はもとより社労士、税理士に依頼して一緒に話し合いを重ねながら、法に沿って福祉開発研究センターの給与規定を作っていった。

利用者サービス

利用者には年一回、食事会と日帰りバス旅行を、日頃よりご愛顧を賜り……、ということでここ一〇年くらい毎年開催してきた。利用者も楽しんでくれて、私や職員にとってのやり甲斐にもつながる。毎回準備に追われて大変なこともあるが、主催する側の楽しみもある。食事会などは、店を予約して利用者と一緒に食事して、最後はＢＩＮＧＯを楽しむ。その景品を直接買いに行くのが私の仕事で、それを毎年楽しみにしている。

法人が一〇周年のイベントをおこなったときの苦い思い出が残っている。一〇周年だし何かイベント的に関係者たちにささやかな贈り物ができないかと思い、オリジナル煎餅でも作って配ろうという話になった。ちょうど事務所から少し歩いた団地のなかに町田名産を名乗る煎餅屋があって、そこは店舗と工場が一緒になっていた。その店にお願いしに行ったときのことだ。店に着いてヘルパーのＩさんとあれこれ贈答品について話をしていたところ突然、カウンターにいた店主が「お前らに食わせるものはねぇ！」と怒鳴りはじめたのだ。わけもわからず店を追い出された私とIさん。Iさんは泣いていた。おそらく、Iさん特有の甲高い声と言語障害のある私の会話が狭い店舗のなかに鳴り響いていて、そしてそれを初めて見聞きする人には、異質で受け入れ難かったのだろう。まだここ町田でも障害者に対する偏見や差別が根強く残っているんだな……と、奇しくも法人一〇周年イベントを控えたタイミングで痛感したのであった。

結局のところ、最後は奥さんが店の外まで出て来て頭を下げ、一〇周年のオリジナル煎餅は当初の予定通りめでたく配られたのであった。

センターの現在、そしてこれからの話

「利用者に寄り添い、利用者の未来と一緒に歩んでいきます」を理念としてＮＰＯ法人福祉開発研究センターを立ち上げ、一〇年、そして二〇年と歩んできた。

これからも最初の頃の気持ちで自分たちの福祉用具を発想し、手にしていくことを考えていきたいと思う。

しかし残念ながら二〇一九年、その思いをかたちにしてくれていたセンターの仲間Ｈさんが旅立ってしまった。私の車椅子の製作を担当していて、物作りが好きだった。私の電動車いすのレバーをいろいろと工夫してくれて、一緒に国際福祉機器展まで行ってくれたりもした。そして、その後に福祉開発研究センターのＭＵＧＥＮ事業部福祉用具相談員として、一五年以上にわたって一緒にやってきた。彼の専門は電気関係だったが、鋭い着眼点をもっていて「この場合は何が必要か」を想像し、専門分野以外でも器用な手先でそれらをホントによく形にしてきてくれた。利用者からの信頼も厚く、その働きぶりは周りの職員たちからも感心されていた。

使える福祉機器を限られた予算で一生懸命作ってくれた。亡くなったことはとても残念で仕方なく、今でも、Ｈさんがいたらなぁ〜と思うことがよくある。天国のＨさんが残してくれたものを大切にして、今を生きる者たちが、センターを盛り上げて発展させていかなければと思っている。

利用者のためのセンターか、職員のためのセンターか

二〇二〇年で福祉開発研究センターは丸二〇年を過ぎた。いろんな利用者や、職員が出たり入ったりして、いろいろなことがあったし、変わったこともたくさんある。

二〇年前はヘルパーの求人広告を出すと面接待合室からはみ出るほどの応募者がやって来た。履歴書を見ると多彩な経験者ばかりで、なかにはヘルパー事業所を四か所も掛け持ちしている人もいたり、募集要項を見て、上乗せして就労しようとしている人もいた。

フリーターと呼ばれている若い人も来ていた。高校の教員をやっていながらヘルパーを始めようという人もいた。なぜここにと、驚きだった。そんな人たちが面接の待合室から溢れていた時もあった。

時代が変わったのだろうか……。今は募集案内を見て面接に来る者はいない。

福祉用具を自分たちの手で何とか作りたいとしてスタートしたこのＮＰＯも、資金作りで始

めたヘルパー事業がいつの間にか本業になっている。

数人の障害者が集まって「自分たちの暮らしを良くするためのアイディアをかたちにしよう」という思いで細々と立ち上げた組織であったが、そこに後から入って来る職員は志云々よりも、まずは収入を得ることだ（当たり前だが）。そのスタートラインの違いが、やがてヘルパー派遣事業によって組織が大きくなっていくなかで埋められない溝にまでなってしまった。最近では当センターに限らず、障害当事者（利用者）のために立ち上げたＮＰＯが職員のための組織に変わりつつあると感じている。

ここ数年、世の中では労働者の働き方改革が叫ばれ、その流れはヘルパーステーションにも押し寄せている。もちろん労働者の処遇が改善されることは喜ばしいことなのだが、それと引き換えに障害者の生活に支障をきたすことがあってはならないと思うのだ。生活と密着する職種ゆえ、どうしても長時間労働などの問題が出てきてしまう。そういった問題をどう解決していくかを労働者からの視点だけでなく、障害当事者からの目線でも考えていってほしいと願うのだが、障害当事者たちに毎日ヘルパーを派遣するため、ヘルパーのスケジュール調整や仕事のケア、そして利用者との間に立って掛け合ったりしている職員の意見がどうしても力をもっていくのだ。そういう風に変化していくなかで私自身、今は職員のために動いているような気がする。

障害者にとって暮らしやすい世の中とは――

介助者の力を借りて生活をし始めてから、もうすでに四〇年となる。最初は介助者を探すことで自分なりに目一杯、世間の人にアピールをしてきた。それが最初の介助者となってくれた人の耳に届いたことから始まり、今のような生活に繋がっていったと強く確信している。今後も生きている限りそれは変えない、ということを大事にしていきたいと思う。

それに比べ、最近の若い世代を見ていると羨ましいと思えるときがある。それは、行政やボランティアによる障害当事者たちへの扱いが過保護とも思えるくらい手厚いからだ。私が若かった時代はヘルパー制度はおろか、駅にはエレベーターもないし、街中段差だらけ。スロープなんてものもなかった。今の若い世代が当たり前だと思っていることが、何もなかった時代だ。

それは物理的なものだけでなく、障害者の人権すら当時はないがしろにされていたのだ。さげすんで当然の存在であった。それが当たり前の世界だったのだ。

今は障害者だからといって世間からあのような理不尽で辛い仕打ちは受けなくてもいい世の中になった。あの時代を生きた身からすると本当に良くなったと思うが、少し羨ましくもあるのが正直な気持ちだ。

――自らの意志で人生を切り拓き、世の中の一部として暮らしていける社会

そういう思いがある一方、本当にこれでいいのかな……と思うときもある。それは、今度はあまりにも過保護になりすぎてしまったせいで、障害者が自分の人生を自ら切り拓くということができなくなってきていると感じるからだ。障害者にとっていい時代なのかといえば決してそうではない。それは、障害別に隔離・分類され収容施設に閉じ込められる、在宅で暮らしている者は家に閉じ込められる、といったことは昔とあまり変わっていないし、世の中に飛び出して自立して生きるということは本当なら厳しいことだらけなのに、そのことに気づくことすらできない。

街を歩いていてもスロープがあちこち備え付けてあって、多目的トイレが増えて車椅子でも利用できることが増えたことや、福祉に対する行政サービスが豊富になったことは素晴らしいとしても、それで障害当事者たちが世間の仲間入りができたのか？と言われると私としては疑問が残る。そういった意味だと、私が生きた時代のほうがもしかしたら障害当事者たちが自らの意志で人生を切り拓き、世の中を変えていく。つまり、世の中の一部として存在できたのではないかと……、複雑な気持ちにもなる。しかし、これからのことは次の世代にバトンタッチだとも思っている。

だけどこれで終結するわけではない。まだ未練も、やることもたくさん残っているし……。

私の理想はこうだ。人種、性別という形態があるならばそこに障害者を組み入れた世の中を形成すれば……。

あのスターウォーズの映画のワンシーンで印象に残っている場面がある。ある惑星の酒場で何の戸惑いもなしに、酒を酌み交わしている多種多様な宇宙人たちの姿だ。その場面を見たとき微笑ましいものを感じた。そんな世界が実現できるのではないかと思う。

茨の道はまだまだ続く

「自立生活」を開始して介助者と暮らし始めて四〇年が過ぎた。その記念という意味もあって我が列伝を綴った次第だ。

これから起こりうることで心配なのは、人（介助者）をどうやって集めるか、やはりそこが第一である。私は介助者を使用人のように使うのはいけないことだと思っている。共に泣き、共に笑える存在であってほしい。それは私自身の自立生活が、介助者たちとのボランティアな関係から始まったからかもしれない。あとは仲良くやっていくことかな〜〜〜。

機能低下との闘い

次に体のことだ。それは障害の重度化が進むこと。特にここ十数年で機能低下したことは重大なことだ。昨日できたことが今日できないということが実際に起きている。今は頭を動かすことくらいしか自由にできなくなっている。

今、私の身体は最も動かない頃に戻ってきていると思う。身体的なピークはやはり北療時代、あの毎日リハビリに明け暮れていた時代だ。あの頃は体を揺らしながらでも二～三歩は自力歩行ができた。さらに、自力で座位をとることもできたし、膝歩行をしたり、車椅子やベッドによじ登ったりすることもできていた。手はその当時も利かなかったものの、車椅子で地面を蹴って移動することもできた。そして今現在は、それらすべてができなくなってしまった。それは単に障害のせいではなく、体を動かすことを怠ってきた自分に非があることは確かであるが、設備的にも環境的にも、なかなかそうはできないものがある。何でも自分に問われてくる。

それがとても辛い……。

やはり、身体が動かなくなるということは精神的にも苦痛だし、さらに障害の重度化は手足だけではない。歳を取ると身体の緊張が強くなると同時に、身体の節々に今まで感じたことのない激痛が走る。そして一五年ほど前から更年期障害のひとつ、白内障や難聴が発症した。白内障は二年前に手術で白い膜を摘出した。しかし、若い時ほど爽快感がある見え方ではない。やはり膜を除去するのにも限界があると医者は言っていた。また難聴に関しては、脳に近く複雑な個所のため、なかなか解明できないとのことである。そのため現在では補聴器を使用している。難聴の症状は人によって異なる。私の場合は補聴器を付けていれば普通に生活できるが、人の話し声などが、こもった音として、文字通りコソコソとしか聞こえない。また、金属同士がぶつかる音などは響いて耳を掻きむしりたくなる。これも介助を受けるものとして重大な問題になっている。そして、それらの問題は今後の社会参加にとっても大きな影響が出てくる。

父との別れ

ここで久しぶりに父親の話をひとつしたいと思う。二〇一七年に父親は亡くなったのだが、亡くなるまでの数年は脳梗塞を二〜三回起こして病院や施設で暮らしていた。自分が長男ということもあって、いつの間にか長男が父親の面倒をみるということになっていた。ちなみに、母のことは長女の妹が担当することとなっている。

高齢者施設に入所していた父に面会しに行ったとき、別れ際に「じゃあ、また来るね」「元気でね、職員さんの言うことを聞くんだよ」と手を振って別れたのだが、父は何とも言えない寂しそうな顔をしてこちらを見ていたことを思い出した。この時は、〝やってやった！ 言ってやった！〟いつか言ってやろうと思っていたことを言ってやった。〝ざまあみろ〟と……。でも、なぜだかちょっとだけ寂しかった。

誰かが傍にいる人生

幼い頃からのことを思いつく限り書き綴ってきたが、そろそろお終いにしようと思う。ただこうして最近の出来事まで六〇数年間の記憶を思い起こしてみると、本当にいろいろなことがあったなと自分でも驚いてしまう。良くも悪くも常に誰かが傍にいた人生……。誰かが傍にいてくれた人生だったからこそ、普通の人の何倍も誰かと一緒に過ごしてきた。精神的に孤独だなと思ったことは沢山あったが、物理的に孤独でなかった（孤独になれなかった）ことが、必然的に私の人生を濃いものにしてきたのだと思う。辛い時も苦しい時も沢山あったが、自分は障害者だからと自らを諦めず、社会に飛び出して本当に良かったと思う。

人として六〇年、男として六〇年、障害者として六〇年。そしてこれからも……、生きられる限り生きていきたい。

誰かに言われた。「もう六〇年以上生きたのだから、もうそろそろいいでしょう」。普通だとその言葉に対して、怒ったり、皮肉めいたことを言って反撃するのだが、この時ばかりはなぜか、「そういえばずいぶん長く生きたな」と、自分でも随分遠くまで来てしまったと思った。

この三〇年間、どのくらいの仲間が死んでしまったか、最近は昔のことを思い出すことが多くなってきた。しかし、過去は過去。寂しさ、悔しさ、悲しみなどを糧にして自分の障害と付き合っていくしかないと思う。

そして命尽きるまで、共に生きている人たちと何かを見つけることができれば良いと思う。

付録

藤沢由知が考える介護と介助

一、介護ボランティアとは

「一方的で勝手」な奉仕の人

解　説

突然現れ大騒ぎをして急に消える。そのときのやりきれない当事者の気持ちを拾うという気があるのか、ほとんどの人は当事者の本質など見向きもせずその場限りの思い出づくりに来ているように思える。

しかし、当事者の本質に触れ、想いに寄り添う気持ちが芽生えたのであれば介助者になりうる最短距離にいるのだと思う。なぜならば、当事者は現代社会において「厄介な者」としてあると思う。いわば、アウトローたち。そこに関わろうとすれば、上辺だけでは済ませられない現実が見えてくる。

二、介護者とは

すべてにおいて「保護」して守ってくれる人たち

解説

ここ数十年、当事者にまつわる制度、サービスは整備されてきているように思う。そして、これらを担う専門家たちも増えた。

しかし、実態は机の上で学んだ者たちが、ペーパー試験に合格し杓子定規で関わろうとする。そして次の日から保護の対象として、上から目線で見る。

昨日まで支援者となんだかんだ言いながら日々積み上げてきたもの（それまでの生活）が、ある日突然定められた制度により突如としてできなくなる。

現場経験をまったく知らない専門家を名乗る者たちによって敷かれたレールの上を辿ることになる。

家庭のなかで親の支配下にある当事者も保護の対象として扱われていると考えている。

当事者としては突然現れた専門家、親たちに本人の意思とは関係なく身を預けるほかない。

これが介護者なのだ。

三、介護ヘルパーとは

福祉制度上作られた介護の助っ人

解説

たとえるなら宇宙を漂う小惑星と出会うようなものだと思う。

ハローワーク、求人誌、インターネットなどを見て、面接志望者が来る。その志望者に今現在の職柄と環境を尋ねると、まったく介護職とは無関係なところにいる人だったりする。

そんなとき、こちらも新鮮なものを感じるときがある。採用となり、「介護職という名の専門職」にいつの間にか染まってしまう！ 心の叫びがそこにある。しかし、考え方を改めるとボランティアを一方的に奉仕する人とするならヘルパーとして採用する人は、福祉という現場では戦力となる。

人にもよるが偏った色には染まらず無色透明な気持ちで、当事者と関わっていってもらいたい。

最も介助者に近い所にいる存在として考える。

四、介助者とは

当事者の意思に沿って、時に良き友人、また相談役として動いてくれる人

解　説

求めなければ、存在として現れない人である。

私が介助者と一人暮らしの生活を始めたのは、四〇年程前のこと。

当時、介助者という存在自体がほとんど認知されていなかったため、駅や大学キャンパスなどで介助者募集のチラシを撒いた記憶がある。

その反応としては、一〇〇〇人に一人の確率で見つかるか見つからない者として、覚えている。

私が四〇年ほど介助者と一日も欠かさず暮らしてきたことは紛れもない事実であり、介助者一人ひとりが関わってくれる粘り強さと思いやる気持ち。そういったものに恩恵を受け、やってこられたのだと思う。

当事者の私としては、そういった善意に対して受け取る備えを持ち続けている。それは、こ

の社会において障害当事者として、これから何をしていくか、どんな生活を送っていくか、「一日どう過ごすか」である。

共に過ごす時間をどれだけ有意義なものにできるかが、最もお互いを繋ぎ止めるものだと感じてきた。

時に手足となり、時に知恵袋として、また、社会から隔離された世界で生きてきた当事者である私にとって良き相談相手となってくれているのが〝介助者〟である。

あとがき

いかがでしたでしょうか。この文章を書くに当たってじっくり昔のことを思い出していると、いくつもの忘れていた記憶がその時々の感情とともに鮮明に蘇ってきました。まだまだここに書かれていないこともあります。悲しかったこと、嬉しかったこと、まだまだ沢山の想いがあります。あらためて人生を振り返ってみて、この身体に残された（健常者と比べて）１／４程度の残存機能を酷使して我ながらよくやったなと思う反面、まだまだだなとも思います。また、私は普通の人が経験するようなことも、目にしてきた景色も極端に少なかったと思います。そういった意味もこの本のタイトルに込めました。

ただ、この人生だからこそ、良し悪しは別として普通じゃない経験を山ほど積めました。

今まで私を支えてくれた皆さんに感謝しています。

そして、これからもまたよろしく！
本当にありがとう！

本書の刊行にあたっては、ＮＰＯ法人福祉開発センターのみなさんをはじめ、さまざまな方にたいへんお世話になりました。また、言語障害のある私の話を何度も確認しながら一つひとつ根気強く文字起こしをしてくれた仲程さん、介助者メンバーのみなさん、本当にありがとう。

そして最後になりますが、厳しい出版事情のなか、私の列伝の出版を決断し、つたない原稿につきあって、さまざまな面でサポートしてくださった明石書店の安田伸さんには、この場をかりて御礼申し上げます。

藤沢　由知

二〇二三年五月

◎著者プロフィール

藤沢 由知（ふじさわ・よしとも）
1957年5月30日、東京都生まれ。NPO法人福祉開発研究センター現理事長。東京都立北養護学校高等部中退。重度の脳性麻痺の障害当事者。都立府中病院闘争支援グループの一員として活動したのをきっかけに70年代後半よりさまざまな障害者運動に参加。1987年に東京都町田市で行われた全国障害者解放連絡会大会（全障連全国大会）にて実行委員長として指揮を執る。その後、障害者施設の園長等を務め、当事者が考える福祉を形にするという理念の下、2002年にNPO法人福祉開発研究センターを立ち上げ現在に至る。

1／4で生きる
重度脳性麻痺障害者〈自立〉のための闘い

2023年6月24日　初版第1刷発行

著　者　藤沢 由知
発行者　大江 道雅
発行所　株式会社　明石書店
〒101-0021
東京都千代田区外神田6-9-5
電　話 03-5818-1171
FAX　03-5818-1174
https://www.akashi.co.jp/
振　替 00100-7-24505

装丁：清水肇（prigraphics）
組版：朝日メディアインターナショナル株式会社
印刷・製本：モリモト印刷株式会社

（定価はカバーに表示してあります）　ISBN978-4-7503-5599-3

障害学研究18
障害学研究編集委員会編集
特集：パンデミックにおける障害者の生　ほか
◎3200円

発達障害白書　2023年版
日本発達障害連盟編
◎3000円

特殊教育・インクルーシブ教育の社会学
サリー・トムリンソン著　古田弘子、伊藤駿監訳
◎4500円

イタリアのフルインクルーシブ教育
障害児の学校を無くした教育の歴史・課題・理念
アントネッロ・ムーラ著　大内進監修　大内紀彦訳
◎2700円

ドイツのインクルーシブ教育と障害者の余暇・スポーツ
移民・難民を含む多様性に対する学校と地域の挑戦
安井友康、千賀愛、山本理人著
◎2700円

障害児教育のアメリカ史と日米関係史
後進国から世界最先端の特殊教育への飛翔と失速
中村満紀男著
◎17000円

インドの女性と障害
女性学と障害学が支える変革に向けた展望
世界人権問題叢書102
アーシャ・ハンズ編　古田弘子監訳
◎4500円

越境する障害者
アフリカ熱帯林に暮らす障害者の民族誌
戸田美佳子著
◎4000円

障害基礎年金と当事者運動
新たな障害者所得保障の確立と政治力学
髙阪悌雄著
◎5400円

盲ろう者として生きて
指点字によるコミュニケーションの復活と再生
福島智著
◎2800円

盲ろう児コミュニケーション教育・支援ガイド
豊かな「会話」の力を育むために
バーバラ・マイルズ、マリアンヌ・リジオ編著
岡本明、山下志保、亀井笑訳
◎3200円

新版「ろう文化」案内
キャロル・パッデン、トム・ハンフリーズ著　森壮也、森亜美訳
◎2400円

アメリカのろう者の歴史
写真でみる〈ろうコミュニティ〉の200年
ダグラス・C・ベイントン、ジャック・R・ギャノン、ジーン・リンドキスト・バーギー著
松藤みどり監訳　西川美樹訳
◎9200円

ナチスに抗った障害者
盲人オットー・ヴァイトのユダヤ人救援
岡典子著
◎2500円

ハーベン　ハーバード大学法科大学院初の盲ろう女子学生の物語
ハーベン・ギルマ著
斎藤愛、マギー・ケント・ウォン訳
◎2400円

ヘレン・ケラーの日記
サリヴァン先生との死別から初来日まで
世界人権問題叢書109
ヘレン・ケラー著　山﨑邦夫訳
◎3000円

〈価格は本体価格です〉